ARQUITETURA PARA MENTE
APONTAMENTOS DE UMA ARQUITETA QUE ENCONTROU A NEUROCIÊNCIA

Editora Appris Ltda.
1.ª Edição - Copyright© 2024 da autora
Direitos de Edição Reservados à Editora Appris Ltda.

Nenhuma parte desta obra poderá ser utilizada indevidamente, sem estar de acordo com a Lei nº 9.610/98. Se incorreções forem encontradas, serão de exclusiva responsabilidade de seus organizadores. Foi realizado o Depósito Legal na Fundação Biblioteca Nacional, de acordo com as Leis n°s 10.994, de 14/12/2004, e 12.192, de 14/01/2010.

Catalogação na Fonte
Elaborado por: Josefina A. S. Guedes
Bibliotecária CRB 9/870

A282a 2024	Aguiar, Graziella Santos de Arquitetura para mente: apontamentos de uma arquiteta que encontrou a neurociência / Graziella Santos de Aguiar. – 1. ed. – Curitiba: Appris, 2024. 137 p. ; 21 cm. Título da coleção geral Inclui referências. ISBN 978-65-250-5490-2 1. Neurociência. 2. Arquitetura. 3. Criatividade. I. Título. CDD – 612.823

Livro de acordo com a normalização técnica da ABNT

Appris editora

Editora e Livraria Appris Ltda.
Av. Manoel Ribas, 2265 – Mercês
Curitiba/PR – CEP: 80810-002
Tel. (41) 3156 - 4731
www.editoraappris.com.br

Printed in Brazil
Impresso no Brasil

Graziella Santos de Aguiar

ARQUITETURA PARA MENTE
APONTAMENTOS DE UMA ARQUITETA QUE ENCONTROU A NEUROCIÊNCIA

FICHA TÉCNICA

EDITORIAL	Augusto Coelho
	Sara C. de Andrade Coelho
COMITÊ EDITORIAL	Marli Caetano
	Andréa Barbosa Gouveia - UFPR
	Edmeire C. Pereira - UFPR
	Iraneide da Silva - UFC
	Jacques de Lima Ferreira - UP
SUPERVISOR DA PRODUÇÃO	Renata Cristina Lopes Miccelli
ASSESSORIA EDITORIAL	Jibril Keddeh
REVISÃO	Monalisa Morais Gobetti
PRODUÇÃO EDITORIAL	Daniela Nazário
DIAGRAMAÇÃO	Andrezza Libel
CAPA	Daniela Baumguertner
REVISÃO DE PROVA	Jibril Keddeh

Aos meus queridos pais, Maria José e Antônio Expedito, que me ensinaram desde cedo a admirar a ciência e a educação.

AGRADECIMENTOS

Agradeço primeiramente a Deus, por permitir que em tempos tão tortuosos eu possa dividir o conhecimento da neurociência e arquitetura gozando de saúde e cercada de meus entes queridos.

Ao Bruno, meu amor, que se dedicou inteiramente às minhas necessidades, renunciando às suas, para realização deste trabalho. Assim como a vigília afetuosa e marcante de Zaha, Ziggy e Zacharias, meus cãezinhos, que, com seus olhares bondosos, não me permitiam esmorecer.

A todos meus clientes, que me deram oportunidades de transformar aprendizado em experiências. Aos meus alunos, que me ensinaram a cada dia que eu passei lecionando.

Aos meus mestres da arquitetura e *design*: Sueli Garcia, Mario Biselli, Maria Lucia Pirró e Ademir Pereira dos Santos, por me acompanharem durante o processo de minha pesquisa acadêmica.

À Academia Brasileira de Neurociência para a Arquitetura (Neuroarq), por me apresentar um mundo por meio da neurociência e me dar suporte técnico quanto aos assuntos ligados à neurociência.

À terapeuta Fernanda Sassi, que me acompanhou durante todo o processo de elaboração desta obra.

APRESENTAÇÃO

Eu acabava de chegar de Chicago, enebriada por sua arquitetura, que vai de Frank Lloyd Wright a Willis Tower de Bruce Grahan. Voltando ao Brasil, fui convidada para um evento de arquitetura corporativa onde conheci Gabriela Sartori e Priscila Bencke, da Academia Brasileira de Neurociência para Arquitetura, que me apresentaram a neurociência e apontaram como essa ciência poderia auxiliar na arquitetura.

Daí então me debrucei em um mestrado para investigar estas duas disciplinas, a neurociência e a arquitetura. Ao iniciar o programa de mestrado, procurei a minha maior referência em arquitetura brasileira, atualmente, o professor Mario Biselli, que em suas aulas nos levava a fazer uma viagem histórica do processo criativo na arquitetura.

Os avanços da neurociência desvendam o comportamento do cérebro humano, possibilitando ao arquiteto o entendimento da relação emocional que o indivíduo estabelece com o ambiente ocupado. Durante todo o processo de pesquisa, investiguei a subjetividade daquele que projeta, ou seja, como ele toma suas decisões de acordo com o que sente, inserido em um determinado ambiente.

No mundo físico, quem projeta esta respaldado de manuais técnicos e protocolos para referenciar suas escolhas como formas, texturas e ergonomia, por exemplo, porém ainda não existe diretrizes solidas para analisar como as suas especificações impactam na mente de quem ocupará ou usará o que esta projetando. Qualquer arquiteto pode projetar para biotipos diferentes do seu, já que para problemáticas materiais existem ferramentas como escala, normas técnicas e de ergonomia, que são bem lecionadas desde a faculdade. O que me intrigou pensando no indivíduo como um conjunto de mente e corpo, foi que para o mundo mental do usuário não havia essa expertise, ou seja, se eu leio um ambiente como confortável, perguntei-me se meu cliente chegaria sempre à essa conclusão.

Busquei então observar a relação consciente do arquiteto sobre a origem do seu processo criativo estabelecido por meio da metodologia de projeto de arquitetura e a real experiência do usuário, para quem ele projeta.

Este livro sugere uma prática analítica de obtenção de dados não convencionalmente observados pelo profissional de *designer* e arquitetura, a fim de conceber um projeto mais assertivo para traços mentais do usuário do ambiente em questão.

PREFÁCIO

A proposição de metodologias de projeto tem sido objeto de interesse tanto no âmbito acadêmico como profissional.

Desde os manuais da École de Beaux-Arts na França do século XIX até as metodologias de projeto durante a modernidade no século XX, um esforço para estabelecer caminhos passo-a-passo aos projetistas foi empreendido, apresentando propostas diversas que distinguem-se pelo viés da eliminação da subjetividade no processo projetual.

Mesmo quando - já no que consideramos a contemporaneidade - a complexidade maior de tal processo foi reconhecida, adotam-se métodos de controle e planejamento a permanecer como elemento de racionalidade.

Um novo enfoque é introduzido em 2006 por Brian Lawson em seu livro "Como Arquitetos e Designers Pensam", em que o autor formula conceitos e conclusões através da observação dos projetistas em ação. O conceito que para esta discussão se torna mais interessante é aquele que Lawson chama de "Princípios Condutores", o qual afirma que os arquitetos não abordam cada projeto com a mente vazia.

Segundo Lawson, projetistas tem suas motivações, razões e seus conjuntos de crenças, valores e atitudes. Quando enfrentam um projeto, sua bagagem intelectual é levada consigo, *"às vezes de forma muito consciente, outras vezes nem tanto"* (lawson pg. 153).

Lawson traz à luz o fato de que uma substancial parte das decisões de projeto derivam daquilo que se tentou suprimir por algum tempo, ou seja, os aspectos subjetivos, aquilo que pertence ao sujeito da ação neste caso. Memórias, sensações, percepções etc.

Então, eis que começamos a perceber recentemente um crescente interesse pela Neurociência, aquela parte desta disciplina que passa a se ocupar da arquitetura segundo a percepção sensorial, apresentando já resultados tangíveis e capazes de informar o arquiteto e seu processo de projeto.

Apresenta-se como uma novidade teórica para a arquitetura de dimensões enormes, é uma completa inversão do paradigma metodológico, no qual já não se trata de meramente admitir os aspectos subjetivos, mas sim de fazer da própria subjetividade o ponto de partida.

Mergulhar nesta nova aplicabilidade da Neurociência, qual seja, a de suas relações com o espaço construído pela arquitetura, é a tarefa de Graziella Aguiar. Pesquisadora curiosa e corajosa, Graziella percorre o trabalho dos principais autores/pesquisadores deste campo, e nos ilustra com um panorama contemporâneo daquilo que as pesquisas recentes nos podem oferecer.

Mario Biselli
Arquiteto e urbanista PhD
Sócio diretor da Biselli Katchborian Arquitetos Associados
Professor do departamento de projeto:
Universidade Presbiteriana Mackenzie
Unicentro Belas Artes de São Paulo

O convite para prefaciar o livro *Arquitetura para mente* de Graziella Santos de Aguiar é desafiador, assim como foi para a autora, que declara sua inquietude que a levou a pesquisar de forma mais profunda, e logo de início, ela nos apresenta um mapa complexo de áreas conectadas com o assunto de natureza multidisciplinar. A tarefa não é fácil, ainda assim, Graziella aceita trilhar para caminhos, alguns até intuitivos, para retomar assuntos sensíveis que envolve as esferas do indivíduo contemporâneo e sua experiência com a arquitetura, tornando-a em lugar capaz de acolher suas necessidades, assim como, suas emoções, e com a capacidade de promover processos de resiliência.

A contribuição dessa literatura é necessária, e se mantém como um trabalho em aberto, que poderá ter inúmeras contribuições no futuro. A abordagem sobre uma arquitetura focada no usuário, trouxe ao século XX vários pensadores da área da fenomenologia, da psicologia e no século XXI, no campo da neurociência, em busca de como se dá a nossa relação com as peles como extensão do nosso corpo, como a arquitetura. Esse percurso é importante citarmos as várias contribuições desde 1960, com Gaston Bachelard e Maurice Merleau-Ponty com bibliografias que romperam com o pensamento de um briefing de necessidades, considerando o usuário na pós-construção. No final do século XX, a área da psicologia contribuiu com dois grandes pesquisadores, o jornalista cientista Daniel Goleman com a inteligência emocional e o psicólogo Howard Gardner com a teoria das inteligências múltiplas. Essas bibliografias foram de suma importância para que, em 2007, a obra *Arquitetura da felicidade* de Alain de Buton rompesse paradigmas, e nos levasse e investigar mais a relação do usuário com a arquitetura, sua apropriação e significação desse lugar com elementos simbólicos, que o torna um habitat.

A autora, constrói uma série de análises até chegar à neurociência, mas vale a pena observar todo o percurso, e principalmente a metodologia aplicada, que envolve vários campos, perceptivo, psicológico, biologia, inteligência emocional entre as várias esferas que compõe a natureza humana.

Emprestar reflexões de arquitetos como Juhani Pallasmaa, o chamada de o arquiteto dos sentidos, tornou-se necessário para que possamos atentar sobre nossos próprios projetos, que muitas vezes atendem mais a necessidades de praticidade e funcionalidade, do que para nossas emoções, ou para nossas memórias, que são tão importantes, ou mais, do que acolher somente atividades práticas. Alguns questionamentos de Pallasmaa, estão na ordem das emoções e de que a arquitetura como mediadora entre nós e o mundo. Nesse aspecto, "Arquitetura para a mente", investiga as esferas sensíveis, buscando construir a importância da nossa relação com o lugar a que pertencemos. Alguns aspectos nessa reflexão, envolve o autoconhecimento do próprio arquiteto para abordar as esferas do usuário, e colocando-o no centro dos acontecimentos e da arquitetura. Observar o usuário de forma mais íntima, se faz necessário para construirmos espaços significativos ao indivíduo que o habita, e é esse o ponto que Graziella Santos de Aguiar, com sua pesquisa, está empenhada.

Ainda que a tarefa seja complexa, alguns passos precisam ser dados para ampliar essa discussão, que ainda resiste a um partido de projeto, mais que um partido do usuário. O que se percebe, é que o caminho para a recolocação da sensibilidade em seu lugar, ou seja, no usuário, será imprescindível, ou criaremos lugares sem alma.

Sueli Garcia
Designer Phd
Pesquisadora em estilo de interiores há 20 anos e tendências em design.
Coordenadora do departamento de design de Interiores da
Universidade Belas Artes de São Paulo

SUMÁRIO

INTRODUÇÃO 17

CAPÍTULO 1
A METODOLOGIA DO PROJETO ARQUITETÔNICO: DA FUNCIONALIDADE AO PROPÓSITO 23
1.1 Revisitando o movimento moderno da arquitetura 24
1.2 Período pós-moderno: a individualização do usuário 25
   1.2.1 Fenomenologia 27
   1.2.2 A influência da psicologia 29
1.3 *Design Methods Movement* 32
1.4 Teoria de metodologia de projeto 35
1.5 O partido arquitetônico 36

CAPÍTULO 2
OS PRINCÍPIOS DE NEUROCIÊNCIA MODERNA 49
2.1 Anatomia do sistema nervoso 52
2.2 O debate razão x emoção 55
2.3 Os marcadores somáticos 56
   Processamento emocional 64
2.4 O sistema sensorial 71
   Percepção 74
2.5 O *Self* 75

CAPÍTULO 3
NEUROCIÊNCIA E ARQUITETURA: MODO DE USAR 79
Primeira Etapa – O autoconhecimento 80
Segunda etapa – Conhecendo o usuário 104
Terceira etapa – Considerações do *design* biofílico 116

CAPÍTULO 4
APLICAÇÃO DA NEUROCIÊNCIA NA ARQUITETURA 125

REFERÊNCIAS 129

INTRODUÇÃO

Desde que o homem se tornou sedentário e construiu seu primeiro abrigo, a arquitetura vem intermediando sua relação com o espaço que ocupa. Nossa espécie, em meio a tantas outras atividades, viu a necessidade de um abrigo para garantir sua sobrevivência; escolheu demarcar um local, lapidar as pedras e construir uma estrutura para ali poder se proteger e prolongar sua existência. O comportamento inicial de ocupação de um território vem sendo o mesmo; para ainda repetirmos o processo: com o surgimento de uma problemática na vida de um sujeito, planeja-se sua solução por meio do espaço ocupado por ele.

O projeto arquitetônico é composto pelo espaço físico destinado a ele, o programa arquitetônico, no qual todos os componentes do projeto são listados e, por fim, o partido arquitetônico, que balanceia a relação entre o espaço físico e as necessidades determinadas a ele. As partes envolvidas nesse processo são ocupadas primariamente pelo arquiteto, ele aplicara sua técnica para a modificação, o proprietário do espaço que será modificado e o usuário, quem irá usufruir dele, discutem e aprovam as decisões viáveis para que o projeto arquitetônico tome forma.

Diante da dimensão de interação entre o homem e o espaço abrigado, a arquitetura busca em outras disciplinas o aperfeiçoamento do entendimento das características que formam as partes envolvidas dentro do projeto arquitetônico. Analisa-se então a relação estabelecida do arquiteto com o usuário e assim há o entendimento de como a neurociência pode colaborar com o processo criativo no projeto por meio de partido arquitetônico.

Figura 1 - Mapa Mental de Pesquisa

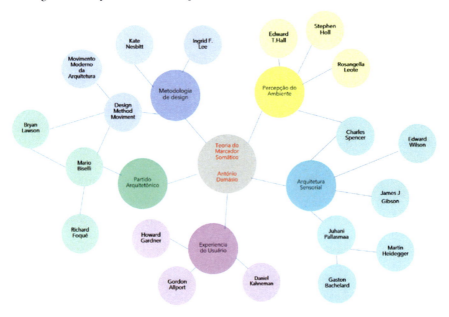

Fonte: desenvolvido pela autora. Rio de Janeiro, 2020

    Este livro começa com a análise histórica da teoria de Metodologia de *Design*, a fim de compreender a influência do Movimento Moderno da Arquitetura sob o olhar do arquiteto para seu usuário e como esse mesmo olhar muda o foco a partir das críticas do pós-modernismo. Observei então a visão apresentada sobre problemática e solução pelo *Design Method Moviment*, onde surge a técnica de análise do processo do projeto arquitetônico baseado no seu estado embrionário, ou seja, o processo tem o propósito de resolver problemáticas do indivíduo.

    Assim como as técnicas atuais de *design* baseadas em estímulos emocionais, que pesquisadores de metodologia de *design* têm apresentado, e a técnica de *design* que estimula a alegria por Ingrid F. Lee.

    Trouxe as diversas oportunidades em que o partido se apresenta ao seu criador como resultado de sua subjetividade, ou ainda como essa ideia subjaz ao projeto arquitetônico de acordo com a

Teoria e Prática do Partido Arquitetônico, de 2014, do professor doutor Mário Biselli.

A subjetividade do arquiteto é analisada por meio dos teóricos de Bryan Lawson, sob o Princípio do Gerador Primário relacionado com Richard Foquè, que nos leva à análise da influência do que chamamos de bagagem cultural na tomada de decisão do arquiteto.

Na atualidade, os avanços dos estudos das neurociências trazem entendimento de como o cérebro humano reage diante de determinados elementos físicos que compõem um ambiente, para o estudo da percepção do espaço. Assim me voltei para a psicologia ambiental com Edward T. Hall e a prática da arquitetura sensorial de Stephen Holl, um dos pioneiros a discutir sensorialidade a partir da fase de criação do projeto arquitetônico. Ainda para entender a interpretação do espaço, pesquisei sobre alguns princípios da neuroestética presentes em pesquisas de Rosangella Leote.

O texto avança para a arquitetura sensorial, no qual cito Juhani Pallasmaa, que, baseado em filósofos como Gaston Bachelard, Martin Heidegger e Merleau-Ponty, discute o conceito de habitar relacionado a conceitos culturais.

Os resultados da psicologia sensorial contemporânea, vindos de Charles Spence, são relacionados com os princípios de identificação dos sistemas sensoriais apontados pelo psicólogo James Jerome Gibson. Para completar os estudos da arquitetura sensorial, cito a Hipótese da Biofilia que resultou na metodologia de *design* biofílico.

Chega então o momento de entendermos a experiência do usuário, teremos Howard Gardner e a Teoria das Inteligências Múltiplas, Gordon Allport, com a Teoria das Personalidades, e Daniel Kahneman, que discute o conceito de experiência e memória.

Minha pesquisa foi estruturada em pilares como Metodologia de *Design*, Partido Arquitetônico, Percepção do Ambiente, Arquitetura Sensorial e Experiência do Usuário. A interligação desses pilares é interpretada por meio da teoria do Marcador Somático de Antônio Damásio, neurocientista de grande prestígio que criou o conceito moderno de estrutura da consciência, em que razão, emoção e corpo não se separam jamais. Damásio afirma que toda decisão é tomada a partir do julgamento do cérebro humano baseado na experiência vivida, conhecimento adquirido e memória biológica. Ou seja, uma escolha é resultante de inúmeras outras feitas consciente e inconscientemente.

Em seu livro *A Estranha Ordem das Coisas* (2017), Antônio Damásio, um neurocientista premiado, pesquisador na área de neurobiologia do comportamento humano e investigador das áreas cerebrais responsáveis pela tomada de decisões e conduta, fala sobre como se dá a relação entre os seres vivos e o território que ocupam, desde as bactérias, seres que nem mesmo respiram, até os seres humanos, os quais, depois de ocuparem o território, passam a dominá-lo e, juntamente com os resultados obtidos pela evolução da espécie e a relação que se dá entre esses indivíduos nesse território — relação que agora chamaremos de cultura.

Uma vez que a cultura é estabelecida, cria-se naturalmente uma série de necessidades que o grupo ou o indivíduo que vive no território demandará. Ao conjunto reunido dessas necessidades, daremos o nome de programa arquitetônico. A arquitetura então consegue criar espaços dentro desses territórios e organizá-los de modo a atender à demanda do grupo, facilitando assim a perpetuação dos costumes e a preservação da cultura. Ou seja, o arquiteto consegue entregar para grupos de indivíduos espaços organizados e pensados para suas necessidades.

As necessidades fisiológicas do homem não mudaram significativamente ainda ao ponto de reorganizar esse aglomerado que garante a sobrevivência, porém a cultura sim — esta muda constantemente, pois o modo de se relacionar no grupo vai se modificando com o passar das relações vividas por cada indivíduo. O papel do arquiteto então é entender tais mudanças e prover, por meio da arquitetura, espaços viáveis de sobrevivência.

Na história da arquitetura, houve grandes arquitetos que entenderam que a melhor maneira de resolver o programa arquitetônico era solucionando os espaços dando funcionalidade a eles; outros prezaram pela adição de estética e ornamentos ao programa solicitado. Preocupados não somente com o uso das edificações, os projetos passaram a ser pensados em seu interior em uma outra esfera de análise — não mais individualizada, mas integrada com a relação cotidiana e principalmente cultural dos indivíduos que a habitam.

A partir dos anos 1940, até meados de 1950, neurocientistas iniciaram estudos sobre como o ambiente pode intervir no comportamento humano. Nesse período, na Europa, os modernistas já se preocupavam fortemente com o novo modo de vida que o pós-guerra ofereceria, dada a necessidade de reconstrução de seu território. Desse modo, os arquitetos passam a incluir novos requisitos em seu programa arquitetônico: ventilação e iluminação natural, por exemplo. Com o olhar voltado para dentro da edificação, a arquitetura de interiores passa a ser o elo entre o bem-estar e o indivíduo.

O partido arquitetônico, no ato de projetar, é a primeira decisão tomada pelo arquiteto. Não é uma decisão simples e, ao longo da história, a literatura pode discordar em algumas definições, mas concorda-se que esse é o passo inicial, no qual se pensa no território, no programa determinado, nos anseios do usuário e na funcionalidade e viabilidade do projeto. O professor doutor Mário Biselli, em sua tese "Teoria e prática do partido arquitetônico" (2020), aponta as situações em que o arquiteto se depara com esse desafio e joga luz nos conceitos formadores de partidos. Dessa maneira, é possível entender que um arquiteto nunca inicia um projeto do nada, ele sempre apresenta valores culturais, experiências vividas e técnicas estabelecidas ao iniciar o processo de criação.

Vale analisar em quais aspectos os conhecimentos cedidos pela neurociência moderna podem agregar no processo de criação do projeto. Ou seja, como o conhecimento do mecanismo da percepção do espaço do usuário pode contribuir no processo de tomada de decisão do arquiteto ao determinar seu partido arquitetônico.

Proponho então a análise do produto resultante da tomada de decisão do arquiteto pelo partido arquitetônico escolhido, este que será experienciado pelo usuário, também dono de um perfil a ser considerado no processo de criação do projeto.

Devido ao crescimento populacional, a quantidade de ambientes fechados vem crescendo exponencialmente, inviabilizando a humanidade de passar a maior parte de sua vida em contato com a natureza. Assim, o organismo humano precisa se adaptar a ambientes artificiais, buscando sempre o bem-estar. Mirando a experiência do usuário na arquitetura, esta obra pretende ainda abordar como os princípios da neurociência podem agregar no processo criativo do projeto arquitetônico, a fim de preencher a lacuna estabelecida entre o ambiente artificial e a necessidade de o organismo humano viver em um ambiente natural.

No primeiro capítulo, falo brevemente da contextualização da metodologia de projeto de arquitetura, vinda do movimento moderno, padronizada, passando pelo período pós-moderno, em que começou a investigação sobre o usuário e atualmente onde já é possível afirmar que o projeto nasce com um propósito estabelecido como experiência do ocupante.

No segundo capítulo, trago a descrição dos principais princípios observados pela neurociência e ainda os mecanismos de percepção do espaço e funcionalidade da mente. Trata-se da apresentação dos princípios básicos da neurociência para o leitor.

Conhecendo os princípios da neurociência, o arquiteto pode entender como o sistema nervoso humano funciona, assim como entende das outras variáveis disponíveis para a elaboração de um bom projeto. O último capítulo sugere um processo de briefing que auxiliará de criação de projeto de arquitetura de interiores, que levará o arquiteto a se voltar para sua subjetividade e ainda planejar espaços com o propósito de experiência satisfatória do usuário.

CAPÍTULO 1

A METODOLOGIA DO PROJETO ARQUITETÔNICO: DA FUNCIONALIDADE AO PROPÓSITO

Para iniciar qualquer projeto, inclusive na arquitetura, é preciso determinar seu escopo. O que nas disciplinas administrativas aparece como uma metodologia padronizada, na arquitetura sempre gerou muita discussão. O escopo de um projeto arquitetônico é sempre tão pluralizado que sequer conseguimos traduzi-lo em uma só palavra. Para tratar do escopo de um projeto, o arquiteto valer-se-á de dois termos pelo menos: partido e programa arquitetônico. Em linhas gerais, o programa são as necessidades que o projeto demanda e o partido é o modo como o arquiteto organiza suas soluções.

Cada movimento da História da Arquitetura sugeriu ao arquiteto o manejo desses dois elementos em ordem e modo diferentes na projetação, em *Apontamentos de teoria e práticas de projeto*, Mario Biselli, 2020 cita alguns deles:

> a. Os manuais da École De Beaux-Arts dedicavam-se ao procedimento passo a passo da montagem de um projeto.
> b. Nos anos de 1960, as metodologias de projeto dedicaram-se à tentativa de eliminar a subjetividade no processo projetual.
> c. As metodologias contemporâneas partem do pressuposto de que a "complexidade do processo de projeto pode ser suportada mediante a utilização de método de controle e planejamento do processo cognitivo".

1.1 Revisitando o movimento moderno da arquitetura

Feita para um homem funcional, a arquitetura moderna trouxe uma prática marcante como técnica de projeto, com um estilo único e positivista de filosofia, partido e programa muito bem estabelecidos que favoreciam a reconstrução dos espaços e suas determinantes funções. Os espaços resultantes do movimento moderno arquitetônico são cenários para nossas atividades diárias até hoje. Podemos perceber que o modelo de construção foi absorvido por diversas culturas, transformando-se em cenários para todas as suas variedades de rituais e inclusive se adaptam em relevos e climas completamente distintos.

O concreto, como matéria-prima do movimento, fez-se presente em todas as classificações da Carta de Atenas, documento desenvolvido como resultado de encontros internacionais de arquitetos modernistas conhecidos como CIAMs (B. de S. Santos, 2020)[1], que define o que seria assertivo para o desenvolvimento das cidades e do homem comum. Em seu livro *A Carta de Atenas*, Le Courbusier (1932, s/p) diz que sobre o urbanismo deve se classificar:

> As chaves do Urbanismo estão nas quatro funções: Habitar, Trabalhar, Recrear-se (nas horas livres) e Circular.
> O Ciclo das funções cotidianas – Habitar, Trabalhar, Recrear -se (Recuperação) – será regulamentado pelo urbanismo dentro da mais rigorosa economia de tempo, sendo a habitação considerada o próprio centro das preocupações urbanísticas e o ponto de união de todas as medidas.

A Bauhaus (1919 –1933), grande expressão do movimento moderno, valorizava a união da arte com o *design*, a funcionalidade, a tecnologia e relacionava esses conceitos com a produção democrática, padronizada para esse fim, resultados somente alcançados por meio da máquina, por isso tão enaltecida pela escola.

---

[1] Os Congressos Internacionais da Arquitetura Moderna (do francês *Congrès Internationaux d'Architecture Moderne* ou simplesmente CIAM) constituíram uma organização e uma série de eventos organizados pelos principais nomes da arquitetura moderna internacional a fim de discutir os rumos a seguir nos vários domínios da arquitetura.

> O legado da Bauhaus ao ensino do *design* continua sendo amplamente discutido nos dias de hoje. Com suas bases, fundamentos e pedagogia, é possível identificar influências no ensino do *design* contemporâneo. Sua metodologia de ensino tornou-se o principal paradigma ao ensino do *design* no século XX. (Paschoarelli, 2018, s/p).

A Bauhaus tinha uma metodologia completamente diferente da encontrada até então, que se baseava da memorização. Ainda hoje essa metodologia é aplicada nas escolas de *design*, onde o aluno desenvolve seu próprio aprendizado, porém não temos uma base filosófica e ideológica comum fundamentada na consciência de quem está aprendendo, como acontecia com os alunos que recebiam a metodologia de Walter Gropius, fundador da escola.

Essa nova metodologia de criar, desenvolvida durante o movimento, classificava os ambientes e os posicionava de acordo com sua função. Esse conceito foi pontualmente criticado pelo período pós-moderno, que mudou seu público-alvo e passou das massas para o indivíduo, o usuário.

1.2 Período pós-moderno: a individualização do usuário

As objeções ao movimento moderno da arquitetura começaram nos anos de 1960 com Kenneth Frampton, que criticava a falta de mobilidade técnica e base teórica real, não fundada na ideologia utópica proposta pelo movimento. Além disso, análises pós-ocupação já mostravam o resultado insatisfatório dos projetos já implantados na Europa com base na agenda social, e muitos profissionais passaram a sentir-se inseguros quanto ao futuro da implementação dessa teoria.

Kate Nesbitt, em *Uma nova agen* (Nesbitt, 1995)*da para a arquitetura* (1995), diz que podemos determinar onde o pós-modernismo começa, porém ainda não chegou ao seu fim. É preciso esclarecer que o pós-moderno pode ser identificado como o período que sucedeu o movimento moderno, a crítica aos seus conceitos e a recuperação de elementos culturais desconsiderados anteriormente.

O pós-moderno, então, critica os elementos básicos como cores, variedade de texturas e materiais e principalmente a ideologia marcante do modernismo, o autoritarismo em que os termos são postos e solucionados. Vai, portanto, valorizar a "anti-funcionalidade", a mescla de cores e materiais diversos, a ironia conceitual, a literalidade e a irracionalidade. Revisita técnicas vernaculares ou aprimora métodos ou ainda os adicionam com outros não conhecidos para uma única função: causar interatividade com o observador, acabar com a impessoalidade e a passividade da relação homem e espaço.

Já no final da década dos anos 1960, Nova Iorque (IAUS), Londres (*London Archtectal Assossiation*) e Veneza (*A arquitetura da cidade*[2], de Aldo Rossi[3], que teve como grande contribuição a percepção de separar a arquitetura da cidade), apresentavam debates em institutos com intensa atividade editorial que criticavam a teoria no ensino da arquitetura. Em Roma, Milão e novamente Veneza, os professores neorracionalistas de arquitetura da nova teoria se destacavam, e assim formaram a Escola de Veneza[4].

Denise Pessoa, em seu artigo "(Desafios de Desenhos Urbanos Para a Cidade Contemporânea, 2016)", fala sobre Kevin Lyinch, que afirma que a cidade é o símbolo da sociedade e deve representar seu passado, seu modo de vida e objetivos. Desse modo, contrapondo-se ao conceito imposto e visto como assertivo para o desenvolvimento humano pelos modernistas. Kevin Lynch foi um arquiteto que defendeu a cidade como um espaço que proporciona para a experiência humana a segurança e a estabilidade emocional. Pessoa ainda completa que, segundo Lynch, a qualidade do ambiente urbano está diretamente ligada à sua clareza. As principais características de uma cidade devem ser aquelas que ajudam as pessoas a se orientar e, ainda mais importante, o cidadão deve sentir que está em um lugar único, nunca o confundindo com outro.

---

[2] *A arquitetura da cidade* é uma obra de Aldo Rossi: analisa o processo de surgimento e transformação da cidade em um modo geral, tanto cidades reais de todo o mundo como projetos e estudos.
[3] O arquiteto Aldo Rossi ficou conhecido pelo uso de formas puras. Escreveu *A arquitetura da cidade*. Em 1990, tornou-se o primeiro italiano a ganhar o Prêmio Pritzker pelo conjunto de sua obra.
[4] Período, estilo ideologicamente formado pela crítica ao movimento moderno da arquitetura.

Em seu artigo 12 estilos da arquitetura moderna (Holl, 2012) diz que a sucessão infinita de estruturas funcionais e utilitárias estava transformando as cidades americanas e europeias em uma paisagem urbana homogênea e tediosa. O pós-modernismo fez a arquitetura se voltar novamente para as especificidades de seu contexto. Preocupados não somente com o uso das edificações, os projetos passaram a ser pensados em seu interior em uma outra esfera de análise. Não mais individualizada, mas agora integrada com a relação cotidiana e principalmente cultural dos indivíduos que a habitam.

Nesbitt (1995) fala sobre a linguagem arquitetônica que passa a ser resultante da compreensão de como construímos as relações. Na teoria da arquitetura, as problemáticas sempre são resolvidas por meio da tectônica[5] e conceitual. A física revela-se em soluções concretas de materiais, métodos e reparos e a conceitual é deliberada para o campo da filosofia. Cabe então identificar o quanto a arquitetura participa dessas problemáticas, até onde ela dita mudanças culturais que vão impactar na vida cotidiana do indivíduo.

1.2.1 Fenomenologia

A fenomenologia é a disciplina que estuda o real por meio da forma como ele se torna existente e não por suas características físicas. Em seu artigo "Questões de percepção: fenomenologia da arquitetura", Steven Holl (2012) pretende que a arquitetura transcenda sua condição física, sua função como mero refúgio, então seu significado como espaço interior deve ocupar um espaço equivalente dentro da linguagem. A linguagem escrita deveria, pois, assumir as silenciosas intensidades da arquitetura.

Valorização da autêntica experiência física e sensorial, a sensibilidade evolui conforme análise reflexiva e silenciosa do indivíduo. A consciência da existência única e própria do espaço resulta na percepção. Diz Holl (2012,):

---

[5] Tectônica: debate sobre a relação entre a dimensão material e construtiva.

> Ao unificar o primeiro plano, o plano médio e as vistas longínquas, a arquitetura ata a perspectiva ao detalhe e o material ao espaço. Uma experiência cinemática de uma catedral de pedra pode levar o observador através e por cima dela, ou inclusive fazê-lo retroceder fotograficamente no tempo, mas só o edifício real permite que o olho deambule livremente por entre os detalhes engenhosos; só a arquitetura oferece as sensações táteis da textura da pedra e dos bancos polidos de madeira, a experiência da luz cambiante com o movimento, o cheiro e os sons que ecoam no espaço e as relações corporais de escala e proporção. Todas estas sensações se combinam numa experiência complexa que passa a estar articulada e a ser específica, embora sem palavras. O edifício fala dos fenômenos perceptivos através do silêncio.

Holl (2012) ainda afirma que as questões da percepção arquitetônica subjazem nas questões de intenção. Essa "intencionalidade" afasta a arquitetura da pura fenomenologia associada às ciências naturais. Seja qual for a percepção de uma obra construída problemática, desconcertante ou banal, a energia mental que a gerou resulta ao final das contas deficiente, a menos que não se haja articulado o propósito. A relação entre as qualidades experienciais da arquitetura e os conceitos generativos é análoga à tensão que existe entre o empírico e o racional; é aqui onde a lógica dos conceitos preexistentes se encontra com a contingência e particularidade da experiência.

Segundo (Brentano, 1874) (Bachelar, 2018), filosofo alemão que influenciou nomes como Freud, Heidegger e Husserl, os fenômenos físicos captam nossa "percepção exterior", enquanto os fenômenos mentais concernem a nossa "percepção interior". Os fenômenos mentais têm uma existência real e intencional. Do ponto de vista empírico, um edifício poderia nos satisfazer como uma entidade puramente físico-espacial, mas do ponto de vista intelectual e espiritual, necessitamos entender as motivações que encerra. Essa dualidade de intenção e de fenômenos é similar à interação que existe entre o objetivo e o subjetivo ou, dito de um modo mais simples, entre o pensamento e o sentimento. O desafio da arquitetura consiste em estimular tanto a percepção interior como a exterior, em realçar a experiência fenomênica enquanto, simultaneamente, expressa-se o significado, e desenvolver essa dualidade em resposta às particularidades do lugar e da circunstância.

1.2.2 A influência da psicologia

Gaston Bachelard foi um filósofo francês, não contemporâneo ao pós-modernismo, que viveu até os anos de 1960, e daí parte seu contexto de análise, a qual busca desvendar e conhecer formas do conhecimento, portanto tratado como um grande nome da epistemologia. Em seu estudo, prioriza as imagens que vêm do subconsciente por meio de sonhos e discorda de Freud[6], acreditando que a imaginação ajuda a construir a realidade. Ressignifica a casa das pessoas, tratando-a como principal observatório de estudo, a casa que abriga o ser.

Na introdução de seu livro *A poética do espaço* (1957), já é possível identificar esse olhar. Bachelard diz que é preciso estar presente para sentir o que o ser, no livro tratado como poeta, sente. No entanto, escolhe a casa desse ser como objeto de observação, pois acredita que nesse espaço a imaginação de quem o habita se torna mais profunda. Daí em diante, ele fará o que denomina topoanálise[7], a análise dos espaços ocupados pelo ser.

O sonho, ou devaneio, é de suma importância, já que seu canal de conexão com o indivíduo é a imagem. Ele revela o que tem na casa, um conjunto de coisas racionais e irracionais. Ou seja, o espaço da casa não se mistura com a sua forma física propriamente. Para retratar os sentidos do ser, Bachelard vale-se metaforicamente dos elementos físicos, estes sim tocáveis, que compõem a casa. Estabelece uma relação vertical que vai de "sótão a porão", tentando traduzir assim o entendimento completo de casa-ser.

---

[6] Sigmund Freud criou a psicanálise, técnica terapêutica que se dá pelo acesso ao subconsciente do indivíduo.

[7] Bachelard chama de topoanálise a análise sob o ponto de vista por cima.

Bachelard aqui se baseia em um conceito de Carl Gustav Jung (2016), psiquiatra que fundou a psicologia analítica, para retratar o medo do indivíduo.

Além disso, no momento da leitura, incita a cada um que o lê sobre o medo metaforizado entre porão e sótão. Contrapondo essa sensação de desconforto, temos a proteção e refúgio que foi traduzida por Bachelard pela Cabana, na qual a casa luta contra o meio inserido, protegendo o ser habitado. No decorrer de sua obra vai, usando metáforas, decifrando os diagramas psicológicos e os tornando únicos e reorganizados como objeto de análise. Como exemplo, podemos citar o universo da casa, onde a casa é outro objeto de estudo, que ultrapassa o universo do ser e apresenta novos diagramas para serem explorados.

O filósofo alemão Martin Heidegger aponta outro olhar para a casa e o habitar, baseado no conceito da fenomenologia em que abrigo é proteção, onde o ser se sente seguro. Nega o fato de que só se pode habitar o que se constrói, alegando que é o hábito o responsável por transformar o espaço. A síntese de sua tese se dá por três afirmações:

> 1. Construir é propriamente habitar.
> 2. Habitar é o modo como os mortais estão sob a Terra.
> 3. O sentido de habitar se desdobra em duas acepções: construir, entendido como cultivo e construir no sentido de edificar construções.

Em seu pronunciamento, na Segunda Reunião de Dramastad, Heidegger fala sobre o conceito de quadratura[8], que relata a constatação da simplicidade da existência humana no planeta Terra. Marcos Paulo Alves de Jesus esclarece, em *Considerações sobre o habitar cotidiano no pensamento de Martin Heidegger* (2007), que quadratura significa permanecer sobre a terra, sob o céu, diante dos deuses, e em comunidade como mortais:

---

[8] Quadratura: termo retirado da astrologia: "Dividindo os 360 graus de um Mapa Astral pelo número 4 [por isso o nome quadratura], obtemos 90, valor da distância em graus entre dois planetas em quadratura. A partir dessa divisão, obtemos um quadrado, que simboliza conflito – por isso, a quadratura é um aspecto considerado tenso".

> A terra indica o momento certo de plantar e o momento oportuno para a colheita. O céu permite as estações do ano, a luz do dia e da noite, além da conjuntura do tempo. Os deuses são os que alentam a vida, trazendo-nos força e coragem. E finalmente, viver em comunidade com os mortais, indica a natureza humana enquanto ser finito (que precisa sempre do outro para se completar)s/p
>
> Uma ponte, um hangar, um estágio, uma usina elétrica são construções e não habitações: a estação ferroviária, a auto-estrada, a represa, o mercado são construções e não habitações. Na auto-estrada, o motorista de caminhão está em casa, embora ali não seja a sua residência; na tecelagem, a tecelã está em casa, mesmo não sendo ali a sua habitação. Nelas, o homem de certo modo habita e não habita, se por habitar entende-se simplesmente possuir uma residência.

A ponte, elemento que conecta os espaços da natureza que antes não se conectavam, abre novas opções de caminho para o homem. Nesse sentido, fornece ao homem a possibilidade de habitar novos lugares ou espaços e se torna habitável também por ser um novo lugar também, principalmente porque quem a constrói a habita.

Jesus M. (2007) sugere que, prestando atenção nas palavras de Heidegger, é correto associar a ideia que só podemos habitar os lugares onde a vida acontece. E o homem agente sobre o espaço possui tecnologia[9] para modificá-lo e transformá-lo em lugar (construir). A casa é produto da terra, céu e divino, encaixa-se na quadratura. Construir transforma espaços em lugares que se deixam habitar. Para que a casa exista, é necessária a "construção" do homem, da sua crença no divino e do espaço propriamente dito. "Ambos os modos de construir como cultivar, em latim, *colere*, cultura, e construir como edificar construções, *aedificare* – estão contidos no próprio bauen, isto é, no habitar".

---

[9] Tecnologia na etimologia do termo — o saber da técnica.

Os caminhos que percorremos em nossas cidades, os locais que frequentamos para exercer quaisquer das atividades do nosso dia a dia, e a casa, que é refúgio e morada são arquiteturas resultantes de um modo de vida que demandou um programa de elementos para o cotidiano atual.

1.3 Design Methods Movement

Antes da escrita, nossos ancestrais demarcavam em suas cavernas desenhos que simbolizavam um método construtivo de ferramentas essenciais para sua rotina e espaço ocupado. O papel trouxe a possibilidade de as informações transitarem no espaço físico. No Renascimento, o detalhamento do método construtivo de *design* de infinitos objetos colabora com grandes invenções até os dias atuais. Seja qual for o problema a ser solucionado, o *design* sempre contou com uma metodologia de anotações tanto do método construtivo quanto da performance do objeto final.

Durante os anos de 1960, surgiu um coletivo denominado *Design Methods*, que buscava discutir a metodologia do projeto, a partir da análise profunda do problema que gerou a necessidade que o projetista busca suprir.

A primeira fase do movimento foi marcada pela técnica de resolução do projeto a partir da análise do problema, o pensamento era sistematicamente ordenado e os problemas bem estruturados. Logo surgiram críticas ao método, que alegavam que a ciência busca a verdade objetiva e foca na teoria, ao contrário do *design*, que acontece na prática e busca satisfação. A crítica surgia em prol do usuário, que acabava sendo prejudicado, já que o projeto era feito com foco no problema. Com isso, as pesquisas sobre metodologia de projeto perderam o entusiasmo.

Na segunda fase, o movimento ganha participação da sociologia e da psicologia, com o intuito de cada vez mais entender o usuário, que vivia num contexto além daquele objetificado. Assim começa a ideia de projeto participativo. Nesse período, a computação gráfica cresce muito e domina todo o mercado.

A partir de 1973, com a publicação da metodologia de Ritter e Webber, cria-se o conceito de que ao se definir o problema inerente, encontra-se a solução adequada. Com esse pensamento, o processo de desenhar e projetar será mudado, o planejamento do processo é argumentativo, em que acontece o julgamento incessante, a crítica e a discussão entre os envolvidos. Dessa maneira, os problemas concretos são ressignificados e classificados por ordem de dificuldade, daí então se busca auxílio específico para cada dificuldade.

Christopher Alexander, arquiteto da Universidade da Califórnia em Berkeley, publica em 1977 o livro *Pattern Language*, em que critica o padrão herdado do movimento moderno. "O *Pattern Language* não é sobre arquitetura, mas sobre como escolhas de *design* específicas podem nos ajudar a construir relacionamentos melhores" (Lange, 2019, s/p). Anos mais tarde, em 1981, o jornalista Tom Wolf publica "From Bauhaus to our house", uma crítica ao resultado do movimento moderno que invadiu o mercado da construção civil nos Estados Unidos. Em 1981, Paul Goldberg (1984), crítico de arquitetura ganhador do prêmio Prêmio Pulitzer: Melhor Crítica, inicia seu texto da coluna Sky Line no jornal *New York Times*, dizendo: "Edifícios modernos e elegantes sobem, cobrindo cada vez mais a paisagem com vidro, alumínio, aço e concreto, à medida que edifícios ornamentados de pedra descem para abrir caminho para eles"

John Chris Jones (1992, s/p), diz que, além do foco e do objetivo, visa ao propósito do projeto.

> Escapei do *design* por tempo suficiente para aprender algo com as outras artes, como o cinema, a poesia, a música e o teatro, pelas quais me atraí. Em particular, aprendi muito com o compositor John Cage e comecei a copiar seus métodos de composição ao acaso, desistir do controle deliberado do resultado.

Jones propõe então a metodologia de criação por meio de três passos: a divergência, na qual se desmonta o conceito existente; a transformação, que consiste em reagrupar o que foi desmontado; e a convergência, quando se testa a nova configuração.

Nesse cenário, os profissionais passam a pensar na adaptação do homem ao meio e o que isso gera de mudanças nas necessidades para seu ambiente e ainda para os objetos que julga necessários.

Nigel Cross, professor de *design* da The Open University, em 1989, publica *The nature and nurture of design ability* (1999), em português, podemos considerar a partir da obra de Cross (2016) que:

- A capacidade de *design* é resumida à compreensão de problemas mal resolvidos.

- O projeto em síntese envolve aspectos de ordem técnica, funcional e estética.

- As partes envolvidas no processo de projeto, em linhas gerais, são os arquitetos, os clientes e os usuários. Podendo um sujeito envolvido fazer parte de mais de um desses grupos. Tais grupos são, juntos, responsáveis por:

    a. Partilhar tarefas e decisões;

    b. Negociar soluções;

    c. Estabelecer a confiança mútua entre os envolvidos.

- O processo de projetação é, sobretudo, uma atividade exploratória, ambígua, emergente e reflexiva. Exploratório, pois a cada novo desafio, o projetista explora um território desconhecido. Ambíguo, pois o projetista, ao escolher uma solução para determinado problema, anula as demais disponíveis. Emergente, pois relações espaciais não previstas passam a existir ao longo do desenvolvimento da solução do problema. Reflexivo, pois o projetista estabelece um diálogo entre seu interior e exterior para tomar sua decisão.

Vries e Wagter Andrade (2011) complementam Cross (2016), dizendo que diferentes formas de abordar o problema levam a soluções distintas e, ainda que as soluções preliminares evoluem até a obtenção da solução final: aquela que satisfaça às demandas e respeita as restrições específicas do projeto. Então o projetista pode selecionar as questões que irá solucionar primeiro, com a escolha das devidas ferramentas e procedimentos de projetação.

1.4 Teoria de metodologia de projeto

Não é difícil para qualquer arquiteto se lembrar das inúmeras aulas de projeto, nas quais por repetidas vezes a metodologia requerida é passada pelos professores. Seguindo um passo a passo exposto na lousa, tínhamos a pretensão de chegar a um resultado parecido com os dos nossos mestres. Desde o surgimento da disciplina, existe uma grande preocupação não só nos fundamentos de cada estilo, mas muito fortemente em como esses princípios são passados para novas gerações de arquitetos. Metodologias e processos de criação de um projeto não faltam à mão de qualquer docente que queira reler determinado estilo arquitetônico.

A discussão dos elementos essenciais para um bom projeto não termina no campo acadêmico, ela acompanha toda a vida profissional do arquiteto, que sempre está buscando sua melhor performance, o projeto que terá toda a sua genialidade criativa impressa em sua forma.

Para iniciar este debate, recorreremos a métodos de processo de projetação. Em cada estilo arquitetônico, uma técnica foi desenvolvida, uma metodologia foi seguida.

Para Lawson (2011), o mapeamento do processo de projeto é decorrente com suas condicionantes de geradores, campo a que pertencem e sua funcionalidade. Com a classificação dos problemas em uma dessas condicionantes, é possível avaliar a sua solução ou seu prejuízo por meio de *feedbacks* e *return loops*, onde cada ciclo de checagem gera mais síntese, análises inéditas e avaliação de outros itens. Assim garantindo uma boa performance de desenvolvimento.

Darke (1978), após investigar o processo criativo de arquitetos, constatou que ao se deparar com um problema, os profissionais escolhem um aspecto sobre o qual se debruçam, o que chama de gerador primário. Após essa escolha, acontece a conjectura, ou seja, o desenvolvimento dessa solução preliminar. E, por último, é realizada a análise, em que se valida a relação estabelecida entre problema e solução eleita.

1.5 O partido arquitetônico

Mario Biselli, em seu livro *Apontamentos de teoria e prática de projeto* (2020), analisa a literatura sobre metodologia de processo de projeto com ênfase na definição literal e prática do partido arquitetônico.

Sua análise parte do resgate dos conceitos da metodologia da *École Des Beaux-Arts*. Esse foi um período em que se buscava retomar o classicismo francês durante o período imperial, a ideologia era nacionalista, no sentido de espalhar o estilo arquitetônico mundialmente. Por ser muito bem aceito pela maioria das culturas, esse estilo espalhou-se pelo mundo e ganhou grande escala nos Estados Unidos no século 18. Esse estilo tão rebuscado tinha algumas características marcantes, como a mescla de adornos oriundos de culturas como romana, grega e francesa. Para conseguir o resultado esperado, os manuais da época indicavam o procedimento de criar um projeto passo a passo. A partir de sua análise, podemos considerar quanto ao conceito de partido:

- O partido não pode ser somente descrito como etapa inicial do projeto, mas aquela da qual todas as decisões serão derivadas.

- A subjetividade e a bagagem cultural são características complexas, variantes e profundas, oriundas das experiências que formam a individualidade de quem exerce a projetação.

- O estabelecimento do partido ocorre em um plano distinto das demais operações de processo de projeto.

- Existe uma necessidade de estudos mais aprofundados sobre a natureza do trabalho e dos saberes mobilizados pelo arquiteto no estabelecimento do partido arquitetônico. A literatura existente afasta a teoria da prática.

- Podemos afirmar que o projeto é a parte prática e o partido possui a informação conceitual, abstrata, que subjaz ao projeto, à intenção que ele emana, onde destaca-se sua singularidade poética e propósito específico. O partido reflete a posição cultural e a visão de mundo do arquiteto frente à própria disciplina e à história.

- Considerando que a ideia prima do partido surge no interior do universo cultural do sujeito, temos como base na sua formação:

a. Intuição

"Os arquitetos profundos sempre entenderam de modo intuitivo que as edificações estruturam, reorientam e sintonizam nossas realidades mentais" (Pallasmaa, 2018, s/p).

b. Memória

O termo memória se refere ao processo mediante o qual adquirimos, formamos. Conservamos e evocamos informação. A fase de aquisição é coloquialmente chamada de "aprendizagem", enquanto a evocação recebe também as denominações expressão, recuperação e lembrança (Lent, 2008).

c. Senso estético

A arquitetura então absorve em seu programa de necessidades a promoção de sensações aos seus usuários. Cabe ao arquiteto, ao elucidar o partido, considerar esse novo aspecto a fim de promover ao seu usuário experiências de bem-estar, que para o público atual engloba consciência sustentável e estímulos sensoriais.

Segundo (Dewey, 1980) filósofo e pedagogo, grande pensador sobre a experiência humana, as teorias estéticas sustentam-se na espiritualização da arte, determinando o seu afastamento da experiência concreta. A alternativa avançada por Dewey não é a da materialização da obra de arte, mas, pelo contrário, a da sua libertação dos discursos institucionalizados, relacionando o objeto artístico com as qualidades, dinâmicas e variações da experiência comum. A teoria estética deve compreender a função da arte na relação com outros modos de experiência, cabendo-lhe o papel de descobrir a natureza da produção artística e o fundamento do prazer estético que o sujeito retira da percepção em contato com a obra de arte.

A experiência decorre da adaptação do homem ao ambiente que o rodeia. Trata-se, mais precisamente, de uma interação entre o indivíduo e o ambiente por meio de desequilíbrios e reajustamentos que, por implicarem resistências e procuras ativas de reestabelecimento de novos equilíbrios, produzem novas e mais enérgicas dinâmicas relacionais. Dewey (1980) destaca o papel ativo da totalidade do organismo na adaptação dinâmica ao ambiente, resultando daí a afirmação, por parte do autor, de uma força vital e expansiva que se desenvolve pela relação de tensão com as condicionantes externas. Toda a interação que afeta a estabilidade e a ordem, decorrente do fluxo de transformação, joga-se nessa tensão e nesse ritmo.

Jean Serroy, no livro *A estetização do mundo* (2018), descreve sobre o que chama de capitalismo artista, aquele que designa o sistema econômico que trabalha para estetizar todos os elementos que compõem e organizam a vida cotidiana. Ele coincide com a generalização das estratégias de sedução estética, com o desenvolvimento da cidade e dos entornos comerciais. E enquanto o universo comercial e urbano está cada vez mais estilizado por arquitetos, manifesta-se um consumidor estetizado também em seus gostos e seus comportamentos.

O domínio do estilo e da emoção se converte ao regime hiper: isso não quer dizer beleza perfeita e consumada, mas generalização das estratégias estéticas com finalidade mercantil em todos os setores das indústrias de consumo (Serroy, 2018).

d. Bagagem cultural

Podemos considerar bagagem cultural como todas as experiências que o sujeito viveu em sua trajetória, todo conteúdo absorvido e que pode ser evocado quando estimulado consciente ou inconscientemente.

- O arquiteto contemporâneo busca sempre avançar no ideal de uma projetação autêntica, mesmo que modesta, será superior à mera composição.

- Um processo que resulte de uma ideia de interesse pessoal pode ser de interesse coletivo. Análises do processo criativo tornam claro que estes processos ocorrem na zona entre intuição e pensamento racional.

Biselli (2020) descreve distintas maneiras de o partido surgir e as denomina da seguinte maneira:

A estrutura como determinante do partido

O partido define-se a partir da solução estrutural. A maioria dos arquitetos tende para esse aspecto, o da estrutura, nesses casos a estrutura dita o processo de criação que tem como resultado a forma da arquitetura.

A ideia tardia

A escolha de partido é resultado de soluções prévias. Trata-se da compreensão do processo de gênesis. Após uma análise, desenvolve-se uma hipótese e a partir dela segue uma intuição de desenvolvimento, ou seja, o arquiteto aposta em um determinado partido. A forma e função que fundamentam a estética.

Configurações rígidas

O partido é dado no programa arquitetônico. Nesse caso, o partido não é a primeira ideia, que se impõe como um dado, condicionado pelo *brief*, mas sim resultado das determinações do programa, que inclui regras técnicas, imutáveis.

O plano axial explícito

A axialidade, ou transversalidade, como muitos conhecem, é muito presente na arquitetura, não só pela ótica da criação, mas também pela organização de linguagem técnica construtiva.

O partido que segue o plano axial difere dos demais observados aqui, já que este, pelo seu objetivo de resultado, requer uma metodologia, uma rigidez linear de etapas. Essa solução vai da qualidade utilitária do projeto até a expressão estética arquitetônica, que traduz o desejo do homem de dominar a natureza e impor sua ordem.

Contexto urbano como determinante

A atitude de considerar o contexto por meio das informações do lugar desloca a formulação do partido para o plano da cultura, o qual se sobrepõe ao plano metodológico de solução de problemas.

A condição do lugar pode atuar para a forma do edifício e como a arquitetura pode projetar seus edifícios como parte da cidade, promovendo relações novas mediante conexões urbanas e espaços públicos em seu território.

O todo e a parte

Ao contrário da metodologia imposta pela literatura em que o partido é o resultado da solução de um problema, nesse caso, o partido faz da projetação um processo que vai do todo em direção à parte, o particular precede o geral. O processo inicia-se em pensar na célula, que deverá ser fiel à legislação imposta, no caso de habitações, por exemplo.

Define-se uma célula, em seguida um edifício, depois a quadra urbana e convergido até a necessária discussão de um modelo de cidade. Assim discutindo a implicação entre a habitação coletiva e o espaço público e as políticas urbanísticas existentes.

A ideia externa

Podemos dizer que o nome "ideia externa" se deu por nomear um processo que surge conscientemente de nenhuma fonte lógica que possa ser explicada pelo arquiteto. Trata-se de uma abstração, uma invenção do arquiteto, sem uma base teórica ou metodológica que justifique em passos lineares a sua composição.

Biselli (2020) afirma que a ideia externa é uma invenção, mas poderíamos dizer que ela é uma manifestação ou a uma expressão artística durante o processo de criação.

> Os caminhos da invenção em arquitetura foram os mais diversos, sempre trazendo para o contexto de seu processo de trabalho uma ideia de "fora", externa àquilo que o programa do projeto em questão lhe sugere; recorre à forma abstrata, à forma metafórica, à referência literal e a várias derivações da expressão arquitetural, tendo como resultado uma diversidade de caminhos que tem sempre mais, alimentado de conteúdos a crítica e a história da arquitetura. (s/p).

Segundo (Foqué, 2010), a arte demonstra o mais significativo aspecto do comportamento humano, a necessidade de expressar a percepção do mundo ao seu redor e se comunicar ao semelhante. Essa é a intersecção entre a neurociência cognitiva e a arquitetura no processo criativo. A neurociência pode explicar o maquinário da mente humana, o responsável por compor o conteúdo que será referência para o arquiteto no processo de criação.

A partir do próximo capítulo, poderemos desvendar cada parte desse sistema que forma o intelecto humano. E observar os processos mais relevantes voltados para a criatividade.

Toda criação demanda aprendizado, que nada mais é do que o exercício da memória arquivar ou evocar informações conscientes e inconscientes. A invenção pode ser vista como uma reorganização dos conhecimentos adquiridos, em que o resultado vira uma expressão que, neste trabalho, consideraremos essa expressão pertencente a um arquiteto.

Convenientemente o arquiteto, durante o processo de criação do projeto, pode expressar-se por meio da arte em pelo menos dois momentos: o da apresentação do projeto de arquitetura, seja qual for a modalidade da apresentação, de croqui à realidade virtual, esse é o primeiro momento em que o arquiteto exibe o conteúdo artístico. O segundo momento é por meio da experiência do usuário com o projeto executado, a obra pronta.

Mais plenamente que o resto das outras expressões artísticas, a arquitetura capta a imediatez de nossas percepções sensoriais. A passagem do tempo, da luz, da sombra e da transparência, os fenômenos cromáticos, a textura, o material e os detalhes, tudo isso participa da experiência total da arquitetura. Embora a potência emocional do cinema seja irrefutável, só a arquitetura pode despertar simultaneamente todos os sentidos, todas as complexidades da percepção (Pallasmaa, 2018).

> De um traço nasce a arquitetura. E quando ele é bonito e cria surpresa, ela pode atingir, sendo bem conduzida, o nível superior de uma obra de arte (Niemeyer, 1993).
>
> A arquitetura é arte, nada mais (Johnson, 1988).
>
> Há uma linha tênue entre elegância e vulgaridade, beleza e feiura. Acho que um trabalho radical pode ser belo e horrível, embora ninguém deseje fazer coisas feias. O verdadeiro desafio da arte são as ideias (Hadid, 2011).

Considerando que arte é uma forma de expressão que se apropria de elementos ou objetos diversos para se manifestar, fica evidente que a arquitetura, como disciplina, planejamento e execução está dentro desse espectro amplo e subjetivo chamado expressão artística. Podemos supor que processo de criação de uma música, de uma pintura ou de uma peça de teatro é o mesmo que o de um projeto de arquitetura; é preciso se valer de ferramentas físicas para trazer ao mundo o que está no universo das ideias.

O maior intuito do artista é estimular seu público, ter o poder de provocar no outro uma mudança, seja ela qual for. Não estamos falando de mudanças ideológicas nesse caso, mas sim de alterações comportamentais instantâneas, o que o artista espera é que o espectador sinta algo que foi estimulado por sua obra. Ou seja, que ele tenha uma experiência a partir dela.

Consideramos que o arquiteto é um artista, pois ele se manifesta a partir do seu projeto de criação e o resultado desse projeto influencia diretamente na vida de outros e como se isso não bastasse, ainda gera mudanças no ambiente que o cerca, mesmo depois de concluído.

A grande dificuldade da arquitetura é incorporar a esse estado de manifestação artística a funcionalidade do que está sendo construído, com todos os seus requisitos. Ingui, Arte e arquitetura na contemporaneidade (2010, s/p), da Universidade Estadual de Campinas (Unicamp), diz:

> Não é qualquer edifício que consegue ser um Guggenheim[10]. Quando é dada maior ênfase à imagem, o projeto final pode acabar com pouca funcionalidade. Quando a técnica prevalece, o aspecto resultante pode não chamar a atenção do público. O equilíbrio entre configuração espacial, engenharia e lugar parece ser a receita para a arquitetura atingir o status de arte".

A imagem seria o modo com que a arquitetura se configura na paisagem; a técnica estaria relacionada com a engenharia necessária para vencer a gravidade; e o lugar, à forma como a arquitetura se sedimenta num dado local. Quando o projeto consegue abarcar bem essas três ênfases, dentro das aspirações sociais, então não é difícil entender seu reconhecimento e valor artístico.

Rosangella Leote, em seu artigo "Abordagens da neurociência sobre a percepção da obra de arte" (2015), investigam como o problema da percepção da obra de arte é tratado pela neurociência. Os autores buscam conhecer as reais contribuições da neurociência para o estudo da percepção da arte. O tema tem sido investigado por diferentes abordagens teóricas, mas sem haver um consenso fechado entre eles. O princípio do estudo parte de compreender o fenômeno da percepção a partir de um embasamento conceitual vindo da neurociência. Para isso, trata a análise da percepção da arte sob os aspectos da experiência de arte.

Os estudos de Leote são baseados em três elementos: a semiótica, a teoria de Gestalt e teoria dos sistemas complexos.

A semiótica, baseada no conceito de (Peirce, 1910), filósofo, cientista, matemático, pai da lógica, tinha como pensamento base a criação de universo sempre em expansão na mente de cada indivíduo.

---

[10] Projetado pelo arquiteto Frank Gehry, o museu Guggenheim de Bilbao é hoje um dos locais mais visitados da Espanha.

"O universo está em expansão... Onde mais poderia ele crescer senão na cabeça dos homens?" (Peirce, 1910).

Essa expansão se alicerça, contudo, em bases lógicas radicalmente dialéticas, visto que o pensamento humano gera produtos concretos capazes de afetar e transformar materialmente o universo, ao mesmo tempo que são por ele afetados (Santaella, 2008).

> Na medida em que a evolução avança, a inteligência humana desempenha um papel crescente no crescimento da razoabilidade por meio de seu traço mais peculiar e inescapável: o autocontrole. No começo, a mente humana brotou como um rebento da evolução. Mas, uma vez tendo emergido, ela passou a influenciar o curso da evolução por meio da conduta deliberada que resulta da escuta humana dos desígnios da natureza. Os tempos em que vivemos, que Peirce, de resto, antecipou, chamando-os de era da voracidade, na qual, longe de ser ouvida, a natureza tem sido devastada pelas leis cegas do lucro, parecem em tudo refutar essas ideias.
> Entretanto, mesmo que a perversidade de gerações inteiras busque caminhos que seguem na direção oposta, no longo caminho do tempo, os seres humanos serão forçados pela experiência a reconhecer que a natureza e a vida da própria espécie devem crescer em razoabilidade. É por isso que, para Peirce, a investigação científica vale a pena, pois ela se constitui em meio privilegiado para conversar com a natureza em todas as suas formas: da nanosfera à cosmofera, incluindo, sobretudo, as intrincadas facetas da realidade humana. (Santaella, 2008, s/p).

Gestalt, Gestaltismo ou Psicologia da Forma é uma doutrina da psicologia baseada na ideia da compreensão da totalidade para que haja a percepção das partes. Gestalt é uma palavra de origem germânica, com uma tradução aproximada de "forma" ou "figura". A teoria da Gestalt, também conhecida como Psicologia da Gestalt ou Psicologia da Boa Forma, faz parte dos estudos da percepção humana, que começaram a se desenvolver entre o final do século

19 e os primeiros anos do século 20. Os pioneiros dessa doutrina e formuladores das Leis da Gestalt foram os psicólogos Kurt Koffka, Wolfgang Köhler e Max Werteimer. Essas leis foram estabelecidas a partir da observação do comportamento do cérebro ao longo do processo de percepção das formas e imagens.

As leis básicas da Gestalt são: Semelhança, Proximidade, Continuidade, Pregnância, Fechamento e Unidade.

Lei da Semelhança: imagens similares tendem a se agrupar entre si, de acordo com a percepção da mente humana.

Lei da Proximidade: elementos próximos tendem a se agrupar, formando imagens únicas.

Lei da Continuidade: pontos que são conectados pelo formato de uma reta ou curva, transmitem a sensação de haver uma única linha que os ligam.

Lei da Pregnância (Lei da Simplicidade): os elementos presentes em determinado ambiente são vistos da forma mais simples possível, isto para que haja a rápida assimilação do ambiente ou do elemento.

Lei do Fechamento: elementos que aparentam se completar são interpretados como um objeto completo.

Lei da Unidade (Lei da Unificação): espaços vazios de imagens abstratas são preenchidos instintivamente para que sejam compreendidos pela mente humana.

Um outro pilar, base do estudo de Leote (2015), é a teoria dos sistemas complexos, que analisa a relação de um organismo em relação ao seu ambiente e outros seres vivos:

> A linguagem ocupa um papel central nas formulações de Maturana e Varela (1986). Segundo esses autores o encontro de um sistema vivo com seu ambiente e com outros seres vivos é de acoplamento estrutural, sendo que o observador o reconhece através de certos fatos (condutas). No entanto, a partir do determinismo e do acoplamento estrutural, a conduta é a descrição feita pelo observador sendo, portanto, uma criação do cérebro. Ao aplicar

essas formulações para compreender a comunicação entre os seres humanos, os autores defendem que só ocorre por acoplamento estrutural recorrente no decorrer da ontogenia, mantendo a individualidade dos participantes - "cada pessoa diz o que diz e ouve o que ouve, de acordo com a própria determinação estrutural" (Humberto Maturama, 2001).

Ou seja, o cérebro cria imagens da realidade como expressões ou descrições de sua própria organização, e interage com essas imagens, modificando-as com base na experiência real. Em organizações sociais, a consequência é que os membros atuam, e o que se reconhece como organização é um produto de seus pensamentos e ações. "Quando se fala sobre a atuação de uma organização, ou sobre a sustentação de sua identidade, seria mais correto fazê-lo em termos das pessoas - chave envolvidas" (Humberto Maturama, 2001).

Com a união dessas três linhas de pensamentos, podemos definir os elementos envolvidos em uma experiência estimulada pela arte: o **objeto artístico**, como o foco ou meta do caráter da emoção que o artista pretende alcançar ao ter sua obra observada; o **objeto de arte**, que pode ser traduzido como o conector entre o artista e o espectador; o **artista** construído de seu próprio universo e disposto a dividir parte desse universo com o **espectador** e o sujeito que experimenta a obra, que recebe e reage ao estímulo da informação vinda do universo do artista. E ainda temos que incluir nessa análise, ou nesse sistema complexo, a relação entre todas essas partes, que pode ser definida aqui como a **experiência**, que é resultado do equilíbrio de todas essas informações.

O estímulo é o estado inicial da experiência. Os demais estados de conscientização e sentidos dependem do juízo do fenômeno. Após o juízo estabelecido, um novo fenômeno perceptivo responde ao estímulo. A partir de instrumentos tecnológicos ou modelos teóricos, a neurociência tem avançado no aspecto de aferição dos problemas ligados à percepção, ela auxilia trazendo um vislumbre de modificações cerebrais, conducentes do modo de entender a arte. Trataremos o arquiteto aqui como o executor da obra artística. Tomando pelo fato de que uma obra é resultado da presença de processos perceptivos anteriores, durante e posteriores à sua execução. Os autores entendem que a memória é fundamental na resolução da percepção.

> Entendemos como certo que a memória é fundamental na resolução da percepção. É com ela que localizamos os depósitos pulverizados de informação que aprendemos com o nosso estar no mundo, respeitando toda a influência do inconsciente genômico (instruções do DNA) e do inconsciente cognitivo que ocorre abaixo da consciência. Esse conjunto, associado ao nosso estado biológico, psíquico, físico e químico, opera condições para que a percepção se de forma irrepetível, sobre cada micro, nano, pico instante vivenciado (Leote, 2015, s/p).

A partir do que foi apontado por Leote, cabe-nos observar no próximo capítulo os conceitos e os princípios da neurociência contemporânea.

CAPÍTULO 2

OS PRINCÍPIOS DE NEUROCIÊNCIA MODERNA

> *O caso Phineas Gage está para Neurociência assim como a Freud está para a Psicanálise.*
> (Leonardo Machado, 2020)

Em 1848, em Boston, Estados Unidos, Phineas Gage era um ferroviário, conhecido pela sua disciplina e comportamento cortês, até que em um acidente de trabalho uma barra de ferro de um metro atravessou seu crânio. Gage sobreviveu ao acidente, para a surpresa de todos, além disso, o acidente não deixou sequelas motoras e nem sensoriais. O que Gage apresentou foi uma grande diferença comportamental após o ocorrido: ele, que era focado e cumpridor de suas tarefas, não se interessava por mais nada. Seu comportamento passou a ser agressivo e sua vida que tinha um planejamento estabelecido acabou em um circo, onde era atração devido a sua cicatriz. O caso Gage trouxe grandes respostas para o início das pesquisas que se iniciaram na época, aquelas voltadas para a neurociência e psicanálise. O caso do Phineas Gage evidenciou que o cérebro estava completamente ligado ao comportamento e às emoções. O que até então se acreditava ser responsabilidade de um ser superior, ou entidades extracorpóreas.

Figura 2 - O caso Phineas Gage: à esquerda, Gage recuperado; ao centro, a imagem do crânio em perspectiva; e à direita, a reconstrução das imagens por Antônio Damásio

Fonte: Damázio, A. R. (2005). *O Erro de Descartes*. São Paulo: Companhia das Letras

Em 1994, a equipe de Damásio publica um artigo em que ele reproduz em imagens o crânio acidentado de Gage e deixa claro que a área afetada era fundamental para processamento das emoções e tomadas de decisões.

A literatura mostra-nos uma série de conclusões e análises em curso que podemos encaixar dentro de uma das seguintes teorias: as evolucionistas, as deterministas e as criacionistas. Seus nomes deixam claros seus princípios.

A corrente criacionista, muito polêmica, acredita que existe algo sobrenatural, que não seja desse planeta, uma força maior, não denominada, que atua em conjunto com o sistema nervoso. Estudos sobre humores, sentimentos e emoção foram baseados em teorias criacionistas, por exemplo, a que afirmava que os humores eram líquidos variantes, que por uma força maior invadiam o corpo, no sentido literal da análise. "Para o filosofo francês Renê Descartes, o cérebro é um sistema hidráulico que controla o comportamento. Funções mentais 'mais elevadas' seriam geradas por uma entidade espiritual, que interagiria com o corpo e a glândula pineal" (Darwin, 1859).

A corrente evolucionista, talvez a mais famosa no público geral, considera que todo ser vivo evolui a partir de mudanças feitas ao longo do tempo para se adaptar ao meio ambiente que foi inserido. Baseada na teoria de Charles Robert Darwin (1809-1882), que publicou em 1859 a obra *Sobre a origem das espécies por meio da seleção natural*. Essa teoria diz que o ambiente sempre é hostil e só sobrevive quem se adapta para sobreviver aos obstáculos impostos por ele.

A corrente determinista acredita que todos os fenômenos ocorrem devido a uma causa. Ou seja, devido a uma relação estabelecida com a natureza, onde o que é natural tem seu curso certo, definido, e a interação com esse curso gera uma resultante. Considerando que a natureza funciona por meio de fatos estabelecidos, está determinado seu roteiro, com um fim certo: tudo o que existe está pré-definido ou está determinado a acontecer.

Charles Darwin (1809-1882) é considerado pioneiro na pesquisa sobre o comportamento humano e as emoções, em suas pesquisas, começou a reparar que as expressões emocionais humanas eram semelhantes às dos animais, publicou então *A expressão das emoções no homem e nos animais* (1872).

Para (James, 1884) e (Lange, The mechanism of the emotions, 1985), as emoções seriam processos fisiológicos de adaptação ao ambiente. Os autores são pioneiros em fazer a divisão entre emoções e sentimentos. Onde emoções são reações a estímulos e os sentimentos são convenções culturais.

Houve um grande período em que a ciência negou o valor da emoção, durante toda a história das neurociências, o interesse sempre foi em desvendar os enigmas sobre a mente, anatomicamente seu processo de ação. Ao voltar timidamente o foco para as emoções, a psicologia e a neuropsicologia, no século 20, após Darwin publicar sua famosa teoria, estabeleceram como tangível a teoria do cérebro triuno: em que se divide o cérebro em três partes — a mais primitiva, vinda dos répteis e responsável pelas respostas instintivas; depois a mamífera, denominada sistema límbico, que assim como o nome se deu pelo desenvolvimento da ligação entre mãe e filhotes, que levou ao aparecimento das emoções nas espécies; a terceira e superior, em função e tamanho, seria o neocortex, de modo que somente os primatas seriam privilegiados, evoluindo para a espécie humana, que se difere das demais devido à capacidade de raciocínio. Pela primeira vez, as emoções, vindas do sistema límbico, eram objeto de análise, mas foram simplesmente classificadas como resultado evolutivo de outros animais. Assim a colocando num segundo plano, já que o mais importante era destacar o valor do raciocínio, da lógica, que na época eram identificados como razão.

Esse modelo de divisão das funções cerebrais é utilizado até hoje por algumas disciplinas ou correntes evolutivas. Neste trabalho, consideramos como princípios, aqueles das neurociências contemporâneas, mas denominadas modernas, que tomam como verdade que no cérebro existem determinadas regiões que processam mais ou menos variantes de linguagem, lógica e arte, mas toda e qualquer decisão se dá pela junção de emoção e razão, o que será discutido por meio da narrativa da obra de Antônio Damásio, neurocientista pioneiro nessa vertente de pensamento.

Damásio defende que a tomada de decisão é o resultado do balanceamento das condicionantes da mente, que opera como um maquinário, engrenando-se para responder ao cenário apresentado. As respostas estão dentro de espectros, estes escalonados por meio das memórias vividas pelo indivíduo. Cada engrenagem tem sua função, mas nem sempre entrega linearmente o mesmo produto, como em qualquer maquinário, varia de acordo com o calibre e insumos recebidos. Para conhecermos os princípios do funcionamento do sistema nervoso, temos de olhar cada elemento participante dessa rede de conexões que nos mantem vivos e atuantes no ambiente que ocupamos.

2.1 Anatomia do sistema nervoso

Partindo da conceituação, a neurociência estuda o sistema nervoso, formado por cérebro, medula espinal e nervos periféricos buscando entender como o comportamento humano é gerado, como o organismo se mantém em relativo equilíbrio e como se dão os processos cognitivos superiores.

Se evocarmos as memórias das aulas de biologia do ensino médio, encontraremos conceitos da histologia do sistema nervoso, onde se esclarece a anatomia do sistema nervoso. Cabe-nos lembrar que neurônios são as células do sistema nervoso, extensíveis e elétricas que carregam e transmitem informações. A conexão de neurônios é chamada de sinapse. E o conjunto de sinapses forma um estímulo nervoso. Neurotransmissores são as substâncias químicas que facilitam a transmissão de impulsos nervosos por meio da sinapse.

O sistema nervoso é uma rede de neurônios que tem a função de gerar, modular e transmitir informações entre todas as partes do corpo. Ele divide-se em Sistema Nervoso Central (SNC) e Sistema Nervoso Periférico (SNP).

O Sistema Nervoso Central é composto pelo cérebro e pela medula espinal, trata-se do centro integrador de controle do corpo. O Sistema Nervoso Periférico são os nervos periféricos e gânglios espalhados por todo o corpo. Nosso Sistema Nervoso Periférico se divide em outros dois sistemas: O Sistema Nervoso Autônomo (SNA) e Sistema Nervoso Somático (SNS). O **Sistema Nervoso Somático** é responsável por direcionar os movimentos corporais voluntários e transmitir estímulos sensoriais da pele, músculos e articulações.

O **Sistema Nervoso Autônomo** é responsável pelas ações espontâneas do corpo, como respiração, batimentos cardíacos, digestão, controle da temperatura corporal, entre várias outras funções, administradas pelos sistemas simpático e parassimpático. Sem o sistema nervoso autônomo, dividido em simpático e parassimpático, o ser humano não seria capaz de responder a situações de perigo. Reações de luta e fuga são essenciais e ajudaram a humanidade a evoluir.

O **Sistema Nervoso Simpático** é responsável pelas alterações no organismo em situações de estresse ou emergência. Assim, deixa o indivíduo em **estado de alerta**, preparado para reações de luta e fuga.

O **Sistema Nervoso Parassimpático** tem a função de fazer o organismo retornar ao estado de calma em que o indivíduo se encontrava antes da situação estressante. O Sistema Nervoso Simpático prepara o corpo para lidar com situações de estresse ou de emergência.

Nesse sentido, nos momentos em que o cérebro percebe um perigo, entra em ação o Sistema Nervoso Simpático. Durante o estresse ou emergência, o sistema irá desencadear uma série de ações internas. Tudo para que o indivíduo responda à situação de modo a se **livrar do mal-estar ou perigo.**

- Aumentar os batimentos cardíacos;
- Liberar adrenalina;
- Aumentar a pressão arterial;
- Contrair e relaxar músculos.

Há ainda outras mudanças físicas em momentos em que o sistema nervoso simpático é acionado.

- Dilatação das passagens dos brônquios, para maior retenção de oxigênio;
- Dilatação das pupilas, para melhorar o sentido de visão;
- Contração de vasos sanguíneos;
- Aumento da contração do esôfago;
- Transpiração.

Outras respostas do corpo são as sensações de calor e frio, assim como a dor.

Na contramão do Sistema Nervoso Simpático, o parassimpático é responsável por fazer o organismo se **acalmar após uma situação de estresse ou de emergência.** Assim, irá diminuir os batimentos cardíacos, a pressão arterial, a adrenalina e o açúcar presente no sangue. Além de acalmar o corpo e retorná-lo a um estado emocional estável, o Sistema Nervoso Parassimpático também tem como função conservar a energia do organismo. Juntamente com o Sistema Simpático, também controla as pupilas. No entanto, o Sistema Nervoso Parassimpático não serve apenas para acalmar depois de uma situação estressante. O sistema controla diversas áreas do corpo humano e ações involuntárias, que não acontecem de forma consciente.

- Sistema cardiovascular;
- Sistema excretor;
- Digestão;
- Excitação sexual;
- Respiração.

2.2 O debate razão x emoção

A razão, para muitos neurocientistas, é sinônimo de cognição, o que gera muito debate, já que para outro ponto de vista, a emoção não deixa de ser também. Leonardo Machado (Machado, 2017), neurocientista da Universidade Federal de Pernambuco (UFPE), afirma que emoção é uma cognição quente e razão seria uma cognição fria. Esse grande debate começa com duas polarizações em que Richard Lazarus (Lázaro, 1963)defende que as emoções são secundárias e são dependentes da cognição. (Zajonc, 1966) diz que as emoções são anteriores e independentes da cognição.

Surge então em a Teoria do *Appraisal* (Frijda, 1994; Lazarus, 2002), que vai dizer que as emoções são geradas a partir de avaliações de estímulos vivenciados. As emoções seriam os marcadores biológicos da importância de um evento.

Na década de 1990, (Gross, 1990), publicou uma série de estudos sobre regulação emocional que afirma que se a situação é interpretada como relevante em relação aos objetivos do indivíduo, ela recebe uma carga emotiva. Esses objetivos podem ter base biológica ou cultural, podem buscar benefício social e individual ou ainda se tratar de objetivos que competem entre si. Gross (1990) aponta ainda que tais objetivos são originados por dois fatores: a genética do indivíduo e o ambiente no qual ele está interagindo. De acordo com a interpretação da situação que o sujeito está inserido no ambiente, tendo como padrão seus objetivos, as emoções podem ser entendidas como reações biologicamente geradas para coordenar (marcar) respostas adaptativas.

2.3 Os marcadores somáticos

Tomar uma decisão consciente é difícil, pois antecipamos as possíveis respostas emocionais decorrentes das escolhas. Inconscientemente estamos tomando decisões sob todos os aspectos em todos os momentos, buscando o melhor conforto adaptativo, a melhor maneira de sobrevivermos. Um ambiente nunca é neutro para nós, ou julgamos como positivo ou como negativo, quem define isso somos nós mesmos, consciente ou inconscientemente, por meio do que Antônio Damásio chamou de marcadores somáticos:

» Sensações que marcam uma imagem mental para filtrar opções de maneira rápida e automática, aumentando a precisão e eficiência do processo de tomada de decisão.

» Vivências que geram ou geraram sensações corporais agradáveis ou desagradáveis que podem ser perceptíveis ou não à consciência.

» Estados somáticos, que funcionam como um banco de dados, o que chamamos de intuição, trata-se de um sistema de qualificação automático de decisão.

- **Cultura**

Na busca em transformar o usuário em ocupante, a ciência volta ao conceito renascentista de valorizar a espécie humana e entender como ela funciona. A mescla entre a arquitetura e as ciências que desvendam o processo de todo sistema nervoso poderá trazer como resultante um conhecimento além de fisiológico, psicológico sobre nosso organismo.

A arquitetura vem intermediando a relação entre o homem e o espaço que ocupa. Se voltarmos ao início de nossa espécie, é fácil identificar que o homem paleolítico em meio a tantas outras atividades, viu a necessidade de um abrigo para garantir sua sobrevivência; escolheu demarcar um local, lapidar as pedras e construir aquela estrutura para ali poder se proteger e prolongar sua existência. A questão do território é algo muito curioso para analisarmos.

ARQUITETURA PARA MENTE:
APONTAMENTOS DE UMA ARQUITETA QUE ENCONTROU A NEUROCIÊNCIA

A história na neurociência se mescla com a da evolução humana, mas antes dessa raça existir, outros seres ocuparam este planeta. Antônio Damásio, em seu livro *A estranha ordem das coisas*, narra a curiosa semelhança entre todos os seres vivos, o autor observa que todo ser, após se identificar como vivo, ou seja, estabilizado para sobreviver, segue o mesmo destino, identificar um semelhante, a fim de formar um grupo e ocupar um território. Essa narrativa acontece desde bactérias que são os seres vivos mais simplórios, é encontrada no mundo dos insetos e chega aos humanos, se observados pela ótica da escala de dominância de territórios.

É do território conquistado que os seres vivos tiram o sustento para suas necessidades fisiológicos. Com o homem não foi diferente. A nossa espécie foi a única que dominou territórios em todos os tipos de clima, ou relevos existentes. Em todos os diversos biomas, o homem arrumou um jeito de sobreviver, do mais seco ao mais frio.

Até mesmo as bactérias buscam uma regra de dominância, onde são excluídas do grupo aquelas que não servem ao coletivo. Quanto aos insetos, temos uma série de exemplos para simbolizar disciplina e organização, com o ser humano não foi diferente. Em linhas gerais, podemos dizer que o homem paleolítico se agrupou, dominou um território e começou a administrar a relação que se deu entre cada indivíduo, entre indivíduo e grupo e ambos com o meio inserido. Ou seja, chegou um momento em que os indivíduos se adaptaram ao meio inserido, e a vida nômade não era mais vantajosa, então estes tornaram-se sedentários, apropriando-se do seu território e ali construindo seu plano de vida. Nesse momento, quando o homem escolhe um lugar para viver, ele cria uma linguagem para interagir com o meio. Chamamos essa comunicação de arquitetura. A arquitetura intermedia a relação do homem com a natureza.

Ao levantarem a primeira edificação, no sentido literal da palavra, edificar, o grupo que dominou aquele espaço descobre as suas necessidades para ocupar e melhorar seu espaço. Ao longo do tempo, o grupo percebe uma série de itens necessários para sua sobrevivência.

A vida desse grupo, que ocorre em um determinado local, ao longo do tempo, começa a ser registrada na memória de cada indivíduo. Por estar estabelecido em um território, o tempo passa a ter um outro sentido, a natureza encarrega-se de mostrar para aquele grupo as condições cíclicas das estações. Esses ciclos, tanto os de vigília e sono, quanto a variação de vegetação, clima e temperatura, também passam a ser registrados em cada indivíduo. Neste ponto, para se estabelecer, o grupo já criou uma linguagem em comum para se comunicar e enfrentar juntos os desafios que os ameaçam. A união de todas essas memórias que são armazenadas em cada indivíduo e passa a fazer parte da genética, da aprendizagem e da ligação entre gerações, é o que vamos chamar de cultura. Diz Damásio (2018, p. 34):

> Apesar de não sermos descendentes diretos de bactérias ou insetos sociais, acho instrutivo refletir sobre estas três linhas de evidência: bactérias desprovidas de cérebro ou mente que defendem seu território, fazem guerra e agem de acordo com algo equivalente a um código de conduta; insetos empreendedores que criam cidades, sistemas de governo e economias funcionais; humanos que inventam flautas, escrevem poesia, acreditam em Deus, conquistam o planeta e o espaço próximo, combatem doenças para evitar sofrimento, ao mesmo tempo que são capazes de destruir outros humanos em proveito próprio, inventam a internet, descobrem modos de transforma-la em um instrumento de progresso e de catástrofe e, ainda por cima fazem perguntas sobre bactérias, formigas, abelhas e sobre si mesmos.

Damásio fala sobre a relação de análise do comportamento humano, formação de cultura, elucidado por meio da biologia. Lembra o quanto a biologia foi responsabilizada devido ao seu conhecimento, sua manipulação despertar possibilidades de extermínio da própria espécie humana. Nesse cenário, fica claro o porquê da interdisciplinaridade da biologia com a sociologia e psicologia tardou para emanar seus resultados de análise.

- **Afeto**

Damásio (2018, p. 118) fala sobre um mundo mental paralelo em que sentimentos acompanham todas as imagens capazes de alterar o curso dominante da mente. As causas imediatas desses sentimentos são:

- O fluxo dos processos vitais que ocorrem em segundo plano no organismo e experimentamos como reações espontâneas ou homeostáticas;
- As respostas emotivas desencadeadas pelo processamento de inúmeros estímulos sensoriais;
- As respostas emotivas como produto de impulsos (fome ou sede), motivações (luxúria ou brincadeira) ou emoções (admiração ou medo).

As três causas descritas possuem a mesma origem, o afeto. A ausência completa de sentimentos anularia a existência do ser. A vida normal é inconcebível sem o afeto. No seu livro *O oráculo da noite* (2019), Sidarta Ribeiro fala da relação entre cultura e saudade. O autor aponta que o desenvolvimento da cultura se deu pelo afeto presente na propagação dos hábitos, ideias e comportamentos dos ancestrais.

> Com o amor pelos mortos surgiu também o medo deles, rituais passaram a existir a fim de equilibrar a relação com espíritos antepassados. Foi a memória das técnicas e conhecimentos carregados pelos avós e pais falecidos que favoreceu a adaptação da espécie (s/p).

- **Homeostase**

Tudo começa com o que a ciência chama de homeostase, da condição de manter o organismo em relativo equilíbrio. Damásio define-a como o conjunto de operações no cerne da vida. É a condição que permite que o organismo perdure, prevaleça, permite a sobrevivência. A homeostase aparece em sua obra como base da evolução da espécie, que sobrevive à seleção natural, favorecendo os genes que mantêm o organismo equilibrado. O autor propõe uma hipótese sobre a relação entre sentimentos e culturas.

O autor afirma que todas as práticas ou instrumentos culturais estabelecidos ou provindos dessas áreas, foram resultado de um declínio ou benefício homeostático. Declínio daqueles que ocasionou dor, sofrimento, carência, ameaça ou perda e benefício quando o resultado é algo compensador.

A homeostase começa no equilíbrio celular e se estende por todo o organismo com o mesmo propósito: o de manter a estabilidade necessária para perpetuar a vida, qualquer alteração externa que possa ameaçar esse equilíbrio é balanceada. Espécies que nos precederam evoluíram, ou seja, sobreviveram a obstáculos, passaram-nos genes com mecanismos intermediários capazes de despertar emoções como respostas de estímulos pró-homeostáticos, que também são consideradas respostas sociais.

A homeostase hoje é um dos três princípios da neurociência moderna e ainda uma das áreas de mais interesse de pesquisa. Em uma entrevista concedida à *BBC News*, Antônio Damásio afirma que "o cérebro é um servo atual da homeostasia" (2018). O sistema nervoso trabalha para a homeostase do corpo inteiro, além disso, ele faz parte desse corpo, ou seja, ele autorregula-se. O desenvolvimento do sistema nervoso possibilitou que a homeostase seja mediada por meio de neurônios, mais tarde, com aditivos químicos, criou-se a consciência e com ela se formou o espaço social. No início, o espaço social contemplava apenas o que tangia à homeostasia, depois, com a formação da criatividade, deu-se o espaço sociocultural.

- **Mente**

O corpo, sempre depreciado em prol da mente, é um organismo complexo formado por sistemas cooperativos, oriundos de órgãos cooperativos, formados por células, moléculas, átomos e partículas cooperativas. Das células ao sistema nervoso, todos precisam se alimentar para transformar os nutrientes em energia, respeitando todas as regras da homeostasia. São instituições independentes que formam uma rede de performance.

"Todas as faculdades mentais intervêm no processo cultural humano" (Damásio A., 2018). Temos como principais formadores de processos culturais as memórias, a linguagem, a imaginação, o raciocínio, o afeto e a consciência.

A mente é a capacidade de organizar imagens, Damásio cria o conceito de imagem como uma representação de uma experiência. Uma imagem pode ser visual, porém existem imagens olfatórias, táteis, auditivas, gustativas, conforme trataremos no capítulo seguinte. A presença da mente em um organismo é caracterizada pela capacidade de acumular e criar imagens, poder acessá-las, recuperá-las e manipulá-las. O processo de manipulação dessas imagens é o que chamaremos de pensamento. Desse modo, podemos concluir que a cultura é absorvida como as imagens em comum inseridas com o passar do tempo por um grupo que ocupou um território para sobreviver. Cada ser é único devido à manipulação exclusiva de suas imagens, porém, para compor essas imagens, tiveram fatores formadores em comum: o mesmo espaço geográfico, contato com os mesmos elementos da natureza, mesmo clima, mesma incidência de luz solar etc.

Antônio Damásio apresenta os aspectos em que a mente cultural humana e suas culturas se diferem. As numerosas espécies de linhagem que nos precederam adquiriram a partir da evolução um conjunto de respostas sociais simples: competição, cooperação emotividade simples e produção coletiva de instrumentos de defesa, porém o que lhe faltou foi o sistema formador de imagens.

- **Mapas e imagem**

Nós, humanos, possuímos um sistema de armazenamento de imagens que é capaz inclusive de simular a realidade. Esse sistema funciona a todo momento e tem autonomia para se manter em atividade sozinho, somente o próprio individuo (o corpo a quem ele pertence) pode requerer esse controle, é o que chamamos de consciência. Em estados de vigília, comandamos nosso sistema, assim como um piloto comanda o seu veículo. Quando estamos desacordados, não somente no sentido de estar dormindo, mas desatentos ou alheios ao que está acontecendo em determinada situação, o sistema mantém-se sozinho, no piloto automático.

As sensações com o mundo externo serão índices reguladores desse sistema e os sentimentos funcionam como negociadores, árbitros, podemos exemplificar suas funções como as de uma equipe reguladora da qualidade de performance. Essa equipe não só julga, arbitra e negocia. Ao perceber que o sistema opera fora do bem-estar, a equipe de qualidade (os sentimentos) deriva para as doenças e a morte. A outra função dos sentimentos é distinguir o que é bom ou ruim, esses conceitos estão diretamente ligados à homeostase, assim toda expressão cultural está alicerçada em sentimentos. Com a consciência aliada aos sentimentos, surgiu então a possibilidade de se formar códigos que abriram caminho para a linguagem da comunicação e da matemática. As culturas são o principal resultado desse processo.

- **Emoção**

Etimologicamente a palavra "emoção" vem do francês *émotion*, que evoluiu do latim *motio*, que significa "movimento". A emoção é o fenômeno que conecta as pessoas — seja em qual cultura for, se interessam em saber o que elas significam para si e para seus pares. Durante muito tempo, a ciência simplesmente não se interessou por pesquisar os processos que envolviam emoção e sentimento, por julgar que se tratava de algo muito subjetivo. A questão da subjetividade sempre foi vista como o contrário da racionalidade dentro dos laboratórios. Hoje sabemos que muitas respostas estão exatamente nesse território desprezado até então, a homeostase, esse fenômeno balanceador do organismo, está diretamente ligado à emoção.

A literatura costuma deixar claro que tradicionalmente fazemos distinção entre a expressão e a experiência das emoções. "A experiência emocional refere-se a estados subjetivos, frutos da introspecção consciente. Por outro lado, a expressão das emoções pode ser medida objetivamente e envolve respostas comportamentais" (Lent, 2008, s/p). A ciência busca traduzir em palavras esse fenômeno que, durante todo o processo evolutivo, levou os animais a tomarem suas decisões de defesa e ataques.

Ainda em *A estranha ordem das coisas* (2018), Damásio lamenta o fato de que emoções sejam nomeadas igualmente aos sentimentos, já que são fenômenos distintos. Ao experimentarmos uma condição que promove a continuidade da vida, classificamos como positivas. O contrário ocorre com as experiências que ameaçam a continuidade da vida, essas serão classificadas como negativas. Essas informações serão armazenadas e acessadas sempre que estimuladas. Com a resposta pronta, o cérebro a envia novamente como resposta do mesmo estímulo, se não modificar a resposta por qualquer interferência, depois de algumas repetições, cria-se um padrão. "Em resumo sentimentos são certos aspectos do estado de vida dentro de um organismo" (2018, p. 138).

Damásio sinaliza ainda que as emoções são as respostas homeostáticas a esses aspectos de estado de vida, ou seja, as emoções são os fenômenos que, por intermédio de mecanismos, regulam o desequilíbrio que o sentimento causou no organismo. Cabe lembrar que o desequilíbrio não significa que todas as emoções são respostas negativas. Alegria e satisfação são exemplos de compensações homeostáticas que, como as demais, respondem ao desequilíbrio liberando moléculas químicas pelo sistema nervoso ou estimulando glândulas endócrinas que produzem moléculas autônomas capazes de alterar funções no organismo.

> A maquinaria dos impulsos, motivações e emoções é voltada para o bem-estar do indivíduo, em cujo organismo as respostas são inerentes, mas a maioria deles, também é inerentemente social, em pequena e grande escala, com um campo de ação que se estende muito além do indivíduo. Desejo e voluptuosidade, solicitude e sustento, apego e amor operam em um contexto social. Ele se aplica na maioria dos exem-

plos de tristeza e alegria, medo e pânico, raiva; ou de compaixão, admiração e reverência, inveja, ciúme, desprezo. A poderosa sociabilidade, que foi o alicerce essencial do intelecto do *homo sapiens* e tão crucial no surgimento das culturas, provavelmente originou-se na maquinaria dos impulsos, motivações e emoções, onde evoluiu a partir de processos neurais mais simples de seres mais simples (Damásio, 2018, s/p).

Processamento emocional

Devido ao desenvolvimento do cérebro humano, as respostas às emoções são as mais variadas, facilitando a adaptação ao ambiente e apresentando uma dimensão subjetiva que possibilita a experiência distinta de outros animais.

A ciência propõe que as emoções antecederam a consciência na evolução, por constituirem um fenômeno que conecta o indivíduo ao mundo exterior, muitas vezes, emoções não são identificadas por quem as experiencia. Após o surgimento da consciência, quando esse fenômeno se torna íntimo, passa a fazer sentido para quem o sente, ele é processado e de público passa a ser privado. Daí então recebe o nome de sentimento.

Damásio propõe que o termo **sentimento** seja usado para traduzir uma experiência mental privada, enquanto o termo **emoção** represente o conjunto de reações, muitas vezes, publicamente notáveis. Na prática, significa que não podemos identificar o sentimento de outras pessoas, apenas perceber os sinais corporais que expressam a emoção que estão sentindo. Podemos separar em distintos estados de processamento a relação da emoção, consciência e sentimento:

- Estado de emoção: pode ser desencadeado ou executado inconscientemente;
- Estado de sentimento: pode ser representado inconscientemente;
- Estado de sentimento consciente: conhecido pelo organismo que está tendo emoções e sentimentos.

A indução de uma emoção é resultado de uma representação sensorial específica, formada pelo contexto psicológico e fisiológico, podendo esse contexto estar na esfera da consciência ou fora dela. Não necessariamente temos consciência do motivo que nos leva a nos emocionarmos, podemos sentir alegria ou tristeza, por exemplo, sem conseguir identificar a causa claramente. Tamanha é a participação da emoção em nossos organismos que, se voluntariamente são simuladas, substituir a raiva pela alegria, por exemplo, o resultado pode ser detectado como falso rapidamente por outras pessoas.

Podemos considerar como **emoções primárias** ou universais a alegria, tristeza, medo, raiva, surpresa ou repugnância. Existem ainda as **emoções secundárias**, ou sociais, como embaraço, ciúme, culpa e orgulho. Damásio ainda cita um terceiro grupo denominado **emoções de fundo**: bem-estar, mal-estar, calma ou tensão. Chamamos de emoção também impulsos e motivações e estados de dor e prazer.

1. Emoções são reações químicas e neurais padronizadas, todas as emoções desempenham um papel regulador para criar uma resposta favorável para conservar a vida.

2. As emoções são processos determinados biologicamente e dependem de mecanismos cerebrais, estabelecidos de modo inato.

3. Os mecanismos são parte de um conjunto de estruturas que regulam e representam os estados corporais.

4. Todos os mecanismos podem ser acionados automaticamente. As emoções têm uma natureza fundamentalmente estereotipada e automática.

5. A variedade de reações emocionais é responsável por mudanças profundas no corpo e no cérebro, que servem de substratos para padrões neurais.

A neurociência das emoções está voltada para desvendar a função de cada uma delas. As emoções podem ser entendidas como reações biologicamente geradas para coordenar respostas adaptativas diante de situações interpretadas como importantes desafios ou oportunidades. Para identificá-las, é preciso dimensioná-las, ou classificá-las por meio de sua valência: neutra, negativa ou positiva e quais comportamentos estão associados a cada uma delas, gerando evitação ou aproximação do usuário.

A doutora Bárbara Fredrikson (Fredrickson, 1998)é diretora do Laboratório das Emoções Positivas e Psicofisiologia da Universidade da Carolina do Norte, onde examinou o manejo das emoções positivas. Ao tratarmos de emoções positivas, não estamos falando de emoções motivadoras a outrem, mas sim emoções de valência positiva para o próprio indivíduo, aquelas que não geram desagrado e sofrimento. Nascemos com mais emoções negativas inatas do que positivas, o que significa que, para a sobrevivência, a emoção negativa é mais eficaz instantemente, mas as positivas geram um benefício a longo prazo maior ao organismo. Portanto, se não é um atentado à vida, a doutora Fredrikson recomenda que escolhamos a esperança ao medo, por exemplo. "O medo fecha as nossas mentes e os nossos corações, ao passo, que as emoções positivas, literalmente, os abrem. Nós precisamos dessa abertura se formos enfrentar os desafios com uma visão clara que gere soluções criativas" (Fredrikson, 2019, s/p).

Temos como emoções primárias aquelas que são inatas: raiva, medo, nojo, tristeza, surpresa e alegria. Das sete que recebemos geneticamente, somente uma é positiva, cinco são negativas e a surpresa é neutra. De modo geral, tendemos sempre a nos voltar para emoções negativas devido ao histórico do seu papel na evolução da espécie.

As emoções complexas são todas as outras que foram aparecendo com o desenvolvimento do sistema nervoso: remorso, culpa, vergonha, amor, ciúmes, ansiedade etc.

O fenômeno *arousal*, do inglês, "excitação", é o estado fisiológico dos sentidos estimulados até um ponto de percepção. Ou seja, o fenômeno *arousal é* gerado por uma emoção sentida por meio de um estímulo físico. Já a motivação mostra como esse fenômeno persiste de modo mais significativo e constante, quando relacionado a uma meta.

- **Memória**

Para ser lembrado, um evento precisa ser emocionalmente marcante, disse Antônio Damásio em seu livro *E o cérebro criou o homem* (Damázio A., 2011).

É preciso que haja alteração nas escalas de valor, se uma cena tiver algum valor, seu momento incitar emoção suficiente, o cérebro fará registros multimídias de visões, sons, sensores totais, odores e percepções e afins, e os representará no momento que achar adequado. Assim, à medida que o tempo passa, esse evento pode ser revivido, no sentido de reviver os mesmos sentimentos e emoções que foram sentidos no momento original, chamaremos esse fenômeno de evocação. Com o tempo, a evocação do evento pode perder intensidade ou ainda, com o suporte da imaginação, pode ser enfeitado, cortado em pedaços e recombinados como um roteiro de cinema. A homeostase decidirá se o evento experimentado ajudou ou atrapalhou para manter o equilíbrio, a proteção e a sobrevivência do indivíduo que o experimentou. E o roteiro será baseado nessas informações, como um sinal de alerta, ou como resposta reconfortante.

A capacidade de sobreviver ao mundo a nossa volta depende da capacidade de aprender e evocar os registros nos momentos corretos, adequados, até mesmo quando imaginamos ou planejamos, raciocinamos sobre algo não real, temos como base eventos e aprendizagem vividos (Damásio, 2015).

O organismo (corpo e cérebro) interage com objetos e reage a essa interação, então são registradas as várias consequências das interações do organismo com a identidade, padrões sensitivos, padrões motores associados à visão do objeto, padrões de toque tátil, evocação de memórias relacionadas, sentimentos e emoções (Damásio, 2018).

O processo de percepção do objeto acontece na seguinte ordem:

I. Padrões Sensitivos – motores associados à visão do objeto.

II. Padrões Sensitivos – motores associados a tocar e manipular o objeto.

III. Padrões Sensitivos – motores resultantes da evocação de memórias previamente adquiridas relacionadas ao objeto.

IV. Padrões Sensitivos – motores relacionados aos desencadeamentos de emoções e sentimentos associados ao objeto.

O conjunto varia de acordo com as circunstâncias e valor do objeto. A memória perfeitamente fiel é um mito. O cérebro retém a memória do que ocorreu durante uma interação, isso inclui fundamentalmente o passado e até, muitas vezes, o passado de nossa espécie biológica e de nossa cultura.

A memória de um objeto é a memória composta das atividades sensitivas e motoras relacionadas à interação entre o organismo e o objeto durante determinado tempo, o que nos leva a concluir que nossas memórias são pré-conceituadas.

- **Consciência**

A Neurociência Cognitiva explora novas técnicas de observar o cérebro associando comportamentos determinados por meio da estrutura ou atividade cerebral. Os resultados colhidos dessa disciplina podem ser resumidos como:

i. Processos de consciência podem ser relacionados à operação de região de sistemas cerebrais específicos, onde acontece o detalhamento do processo da consciência;

ii. A consciência é diferente do estado de vigília;

iii. A consciência é diferente do estado de atenção básica;

iv. Consciência e emoção não são separáveis. Quando a consciência é comprometida, não existe emoção;

v. O estado de consciência pode operar em duas esferas, a consciência central e a consciência ampliada.

No livro *O mistério da consciência* (2015), Antônio Damásio estabelece a análise da relação da mente, comportamento e o cérebro. O autor define que a consciência é um fenômeno privado de primeira pessoa e faz parte de um mecanismo que denominamos como mente. A consciência e a mente geram comportamentos do indivíduo que podem ser externados e observados pela terceira pessoa. A sabedoria e ciência da mente e do comportamento humano se baseiam nessa relação entre público (terceira pessoa) e privado (primeira pessoa). O cérebro é o mediador dessas duas relações.

Essa triangulação permitiu o avanço das ciências humanas e biológicas, ocasionando uma nova área de pesquisa específica denominada neurociência cognitiva.

- Consciência central

A consciência central fornece ao indivíduo a interpretação de um momento e lugar relacionados ao presente. Consegue vislumbrar algum futuro ou passado próximo, mas somente para validar o que está ocorrendo no presente.

- Consciência ampliada

A consciência ampliada fornece ao organismo muitos graus de interpretação. Damásio denomina como *self* uma identidade, situada em um tempo histórico individual, ricamente ciente do passado vivido e do futuro previsto, e profundamente conhecedora do mundo que a envolve. A partir do *self* a consciência ampliada faculta os conhecimentos necessários para o desenvolvimento da **criatividade**. A consciência ampliada se constrói sob a consciência central. Um dano causado na consciência central certamente afetará a consciência ampliada.

A teoria da consciência não deve ser apenas uma teoria de como a memória, o raciocínio e a linguagem ajudam a construir uma interpretação do que se passa no cérebro e na mente.

> Eu acrescentaria que o estado biológico que descrevemos como sentido do self e maquinaria biológica responsável por engendrá-lo podem muito bem contribuir para otimização do processamento dos objetos a serem conhecidos – possuir um senso do self não só é necessário para conhecer no sentido

próprio, mas pode influenciar o processamento de tudo o que vem a ser conhecido. Em outras palavras os processos biológicos que originam o segundo problema da consciência provavelmente têm um papel nos processos biológicos que originam primeiro. Quando abordo o problema do self, abordo a questão dos *qualia*[11] no que concerne a representação do organismo consciente (Damásio, 2015, s/p).

As imagens que fluem por nossas mentes têm uma perspectiva, a nossa. Reconhecemo-nos como sujeitos de nossas experiências mentais. Cada um, dono de seu conteúdo, avalia a mesma situação de maneira distinta. A consciência permite ao seu possuidor ser um experimentador único e privado do mundo ao seu redor e, ainda, de não menor importância, experimentar o seu próprio ser.

"Cada um sabe a dor e a delícia de ser o que é".
(Veloso, 1986)

A letra do compositor revela exatamente o que a neurociência quer explicar sobre a relação de intimidade que temos com a nossa consciência. Quando o sujeito toma ciência dessas duas perspectivas, a de percepção particular e a do reconhecimento externo.

Experiência integrada é a capacidade de situar o conteúdo da mente em um plano multidimensional. Damásio conclui então que a consciência é a união da subjetividade e da experiência integrada. Na ausência de subjetividade, nada importa para o sujeito. Na ausência de experiência integrada, não é possível exercer a criatividade.

A subjetividade não é obviamente uma coisa, mas um processo, que depende de dois ingredientes cruciais: a criação de uma perspectiva para as imagens mentais e os acompanhamentos das imagens por sentimentos (Damásio, 2015, s/p).

---

[11] *Qualia* é um termo usado na filosofia que define as qualidades subjetivas das experiências mentais conscientes. Por exemplo, a vermelhidão do vermelho, ou o doloroso da dor.

Os portais sensitivos, onde estão os órgãos responsáveis por gerar imagens do mundo externo, são as principais fontes para a formação da subjetividade. Os primeiros estágios de qualquer percepção sensorial dependem de um portal sensitivo.

2.4 O sistema sensorial

Qualquer aluno do ensino primário sabe dizer quais são os sentidos sensoriais, sua anatomia e função. O conhecimento sobre as sensações que o mundo externo causa inicia-se desde cedo. Durante toda a história, buscou-se conhecer e organizar as informações sobre esse sistema que nos conecta. Voltando à Grécia Antiga, no Liceu de Aristóteles (384-322 a.C.), já se indagavam sobre a percepção do ambiente que habitamos. No Livro II de *De Anima*, o filósofo disserta sobre a função de cada sentido no organismo e seus órgãos correspondentes. Agrupa as sensações em grupos: audição, equilíbrio, olfato, paladar, tato e visão.

Os sistemas sensoriais estão presentes integralmente em toda história da Igreja Católica, todos seus signos, rituais e conceitos que podem vincular o indivíduo à instituição acontecem por meio das sensações. Suas passagens catequizadoras descrevem sensações que, muitas vezes, inclusive, conectam o sistema sensorial a fenômenos sobrenaturais.

A performance dos sentidos também é objeto de muito interesse da comunidade científica e do público em geral, histórias com personagens que possuem sentidos aguçados sempre lotaram bilheterias de teatros e cinemas. O desejo de sentir mais o mundo parece estar presente em todos.

David Le Breton, professor de sociologia e antropologia da Universidade de Estrasburgo, destaca que a sensorialidade é constituída e construída socialmente, historicamente, culturalmente e individualmente, uma vez que experimentamos universos sensoriais diferentes. Em sua obra *Antropologia dos sentidos* (2014), Breton (2016) discorre sobre percepções sensoriais da humanidade. O autor divide a obra em nove partes, assim denominadas: "uma antropologia dos sentidos" do ver ao saber; ouvir, ouvir-se: da harmonia ao mal-entendido; a existência como uma história de pele: o tato ou o sentido do contato; o toque do outro; cheirar e cheirar-se; o alimento é um objeto sensorial total; do paladar da boca ao prazer de viver: uma degustação do mundo; e a culinária da repugnância (Leitão, 2016).

James Jerome Gibson (1904-1979) em 1966 na sua obra *The senses considered as perceptual systems* (*Os sentidos como um sistema perceptivo*) descarta que os sistemas sensoriais trabalham sozinhos (Nanda, 2005).

> **Sistema Háptico**: responsável pelo toque ativo e passivo para distinção de temperatura, e para distinção de seu próprio movimento — respondendo a termorreceptores da pele e deformação de tecidos, configurações de articulações, alongamento de músculos.
>
> **Sistema Visual**: responsável pela percepção instantânea e simultânea de
>
> formas, profundidade e distância, variáveis de cor e transformações na luz.
>
> A visão também controla os movimentos de objetos e indivíduos no espaço,
>
> transmite informações sobre o layout espacial, sua estrutura, assim como sua iluminação.
>
> **Sistema Auditivo**: responsável pela audição, orientando no sentido de sons e
>
> detectando a natureza dos sons, responde a eventos vibratórios.
>
> **Sistema de Orientação**: responsável pelo equilíbrio e orientação corporal respondendo às forças da gravidade e aceleração.
>
> **Sistema Gustativo**: responsável por detectar a natureza de fontes nutritivas e voláteis, responde pela composição do meio e dos objetos ingeridos.

(Heschong, 2021) afirma que "as experiências mais poderosas e vívidas são aquelas que envolvem todos os sentidos ao mesmo tempo". Podemos, portanto, reforçar a ideia de que projetar para todos os sentidos, pode conectar o usuário ao meio projetado, propiciando-lhe uma experiência significativa (Neves, 2017).

Spence (2020) é chefe do Departamento de Psicologia Sensorial da Universidade de Oxford, seu trabalho obteve muito êxito na indústria alimentícia, pois sua pesquisa sempre focou em linhas multissensoriais. No ano de 2020, devido à pandemia de Covid-19, por medidas protetivas, esteve em quarentena na sua residência, passou então a pensar sobre os sentidos voltados para o ambiente, em seu último artigo, intitulado *Os sentidos dos lugares* (2020), o neuropsicólogo investiga os sentidos multissensoriais e a mente dentro da disciplina de arquitetura.

Spence explica que sempre nos encontramos em ambientes fechados e devido à falta de conexão direta com a natureza, não conseguimos perceber o ambiente totalmente, o que causa um desequilíbrio entre os sentidos. Existe uma falta de estímulos, ou estímulos desalinhados que acarretam uma escassez de emoções. O organismo trabalha com uma ordem de captação de estímulos da natureza, onde os sistemas se completam, a interação entre os sentidos é denominada *crossmodal*. Experienciamos um ambiente por meio da seguinte hierarquia:

1. Visão;
2. Audição;
3. Olfato;
4. Tato;
5. Paladar.

A desconexão entre os sentidos causa grande desconforto a qualquer sujeito. Spence usa o exemplo de uma dublagem em desacordo com a imagem; por mais interessante que a história seja, é altamente perceptível e irritante. Essa disparidade entre os sentidos é chamada de alteração da percepção sincronizada. Matila e Wirtz (2001) descobriram que a combinação de odores com músicas influenciava nas compras (@article{Wirtz2001CongruencyOS,

2001), foi quando inúmeras marcas passaram a investir em imagens olfatórias. Mas Spence lembra que muitas não obtiveram sucesso por não saberem equilibrar o aroma com o ambiente em que estava exposto o produto.

Spence completa dizendo que os sentidos traduzem sem a necessidade de um intérprete, existe um fenômeno chamado **correspondência** *crossmodal*, que adjetiva com uma de suas grandezas um estímulo de outro sentido, é a sensação que temos que um som bem agudo se refere a algo bem pequeno. O mesmo acontece com formas e sabores, cores e odores, entre diversas outras combinações.

Ainda existe a questão da **superestimulação** dos sentidos, outra característica que causa grande estresse para o sistema nervoso. O usuário sempre recebe mais estímulos do que identifica na consciência, o que não é percebido não significa que não é importante.

Percepção

No prefácio de *A Dimensão Oculta* (1977), de Hall, uma afirmação leva à reflexão sobre o conceito de liberdade do homem. "O homem é, antes de tudo e definitivamente, como os outros membros do reino animal, um prisioneiro de seu organismo biológico" (Hall, 1977, p. 9). É a partir dos sentidos, denominados receptores por Hall, que conseguimos interagir com o espaço. O antropólogo ainda diz que percebemos o espaço a distância e por meio de contato imediato, em que a visão, audição e olfato são os receptores a distância e o tato e paladar de contato imediato.

As informações trazidas pelos receptores de nada valeriam se não contrastadas com seus padrões aceitáveis e significados estabelecidos. Cada indivíduo calibra suas escalas de percepções por meio dos estímulos sensoriais e dentro de um espectro dado pela cultura, responde a eles. Por se tratar de espectros culturais ou fisiológicos, cada sujeito terá seu mundo perceptivo individualizado.

O sujeito aprende a dar a melhor resposta a esses estímulos e a passam para as gerações seguintes. Desse modo, cada vez mais a espécie humana se adapta ao ambiente inserido. Temos como um exemplo contemporâneo, as crianças que nascem com facilidade para lidar com equipamentos tecnológicos, a explicação é que seus antecedentes aprenderam a perceber esse novo ambiente, guardaram essa informação em suas células, que foram passadas geneticamente.

2.5 O *Self*

Em toda literatura, sobre diversos aspectos, a ciência sempre aborda dois pontos de vista, o do sujeito e o da mente. Ora, se é possível separar essas duas entidades, no que diz respeito à consciência, poderíamos supor que a mente existe sem o sujeito, porém o sujeito é incapaz de existir sem sua mente. A relação é de dependência, mas também de propriedade, a mente trabalha para o sujeito. O que nos autonomeamos "Eu", "*Self*", é esse inteiro nutrido pela mente, capaz de inspecionar tudo o que passa interna e externamente (Damásio, 2011).

Por trás da noção de *self*, encontramos a singularidade do indivíduo. "Em todos os tipos de self podemos considerar que **uma noção sempre domina o centro do palco**" (Damásio A. R., 2015; Kahneman, 2012), diz Damásio ao relatar sobre a noção de um indivíduo único, delimitado, que muda gradualmente ao longo do tempo, mas, de algum modo, parece permanecer o mesmo. O *self*, em qualquer uma de suas versões, é uma entidade cognitiva ou neural imutável, mas possui uma estrutura variante para oferecer a continuidade de referência por longos períodos. Resumidamente referências são o que compõem o *self*.

Damásio cita que já existiram milhares de mentes, mas nem todas foram *selfs* durante o processo evolutivo. Sobre o aspecto biológico, o *self* começou a existir depois que a mente e a vigília já haviam se estabelecido como operações cerebrais, e o resultado disso era o aumento de chances de sobrevivência. O mistério da consciência engloba a tríade *self*-vigília-mente. A neurociência já apresentou respostas para os processos de vigília com a neuroanatomia e a neurofisiologia, a mente, no que diz respeito à base neural, já mostra grandes avanços, no entanto o estudo do *self* normalmente é postergado por este ser demasiadamente complexo para nosso estado atual de conhecimento.

Devido à complexidade do assunto, Damásio sugere três estágios de análise do *self*:

Primeiro Estágio: Protosself

- O protosself é uma descrição neural de aspectos relativamente estáveis do organismo.
- O principal produto do protosself são os sentimentos espontâneos do corpo (sentimentos primordiais).

Segundo Estágio: *Self* Central

- Um pulso de *self* central é gerado quando o protosself é modificado por uma interação entre o organismo e um objeto e, como resultado, as imagens do objeto também são modificadas.
- As imagens modificadas do objeto e do organismo ligam-se momentaneamente em um padrão coerente, a relação entre organismo e objeto é descrita em uma sequência narrativa de imagens, algumas das quais são sentimentos.

Terceiro Estágio: *Self* Autobiográfico

- O *Self* autobiográfico ocorre quando objetos na biografia do indivíduo geram pulsos de *self* central, que são, em seguida, momentaneamente ligados em um padrão coerente e amplo. (Damásio, 2011).

Daniel Kahneman, neurocientista, que recebeu o Prêmio Nobel de Economia, em seu livro *Rápido e Devagar* (2011), inicia o Capítulo 35 ("Dois Eus") citando Jeremy Bantham: "A natureza pôs a espécie humana sob o domínio de dois mestres soberanos, **a dor e o prazer**. Cabe a eles exclusivamente indicar o que devemos fazer, bem como determinar o que faremos s/p".

Fisiologicamente a dor e o prazer são definidos como estados assimétricos que fundamentam qualidades perceptivas distintas, ambos com o mesmo objetivo de nortear o organismo para a melhor qualidade adaptativa. O fenômeno da dor é vinculado à punição ou a comportamentos de retirada ou paralisação. Já o prazer promove recompensa e comportamentos como buscas e aproximação (Damásio, 2015).

Kahneman dedicou-se a entender sobre a experiência humana e dividiu esse conceito em utilidade experimentada e experiência e memória. A utilidade experimentada, traduzida como "Eu da Experiência", trata o *self* como o sujeito presente na ação, aquele que existe somente durante o tempo da ação. Já o *self* da Experiência e Memória é denominado "Eu da Memória", aquele que vive a experiência para sempre, toda vez que a evoca. Com essas duas interpretações de "Eus", podemos identificar quando estamos tomando decisões por meio do que preza pela experiência (**Eu experiencial**) ou pelo que preza pela memória (**Eu da lembrança**).

O Eu da experiência é aquele que vive a dor e o prazer e tomará suas decisões única e exclusivamente quando estiver em contato com essas sensações, mas será o Eu da Lembrança que usará todas as informações recebidas naquele momento para tomar decisões futuras ou recordá-las quando necessário. Com essa derivação do conceito da experiência de um sujeito, Kahneman mostrou para o mundo que é preciso entender sobre quais aspectos se pretende usufruir ou proporcionar experiências, para qual a experiência se direciona.

CAPÍTULO 3

NEUROCIÊNCIA E ARQUITETURA: MODO DE USAR

Depois de conhecer todos esses princípios da neurociência, podemos nos questionar em como aplicá-los efetivamente no processo de criação do partido arquitetônico. O que a neurociência propõe é a sensibilidade de interpretar e considerar a subjetividade alheia nas escolhas determinantes para o partido do projeto.

Para exercer a arquitetura, dependemos da motivação de alguém que busca nossos serviços, alguém que decidiu criar um ambiente ou mesmo modificar o que habita (Sassi, 2021), psiquiatra e terapeuta do Instituto de Psiquiatria HC-FMUSP, aponta que o ambiente que habitamos é uma extensão de nossa saúde mental, a organização de um ambiente está ligada ao controle homeostático do organismo. A psiquiatra afirma que toda mudança no ambiente é caracterizada por um marco de início ou fim de um ciclo em qualquer aspecto da vida de quem o habita. O arquiteto precisa estar ciente de que está lidando com um momento específico do usuário.

Ao avaliarmos o trabalho de qualquer arquiteto, a primeira análise é do processo criativo, por quais conflitos se deparou e quais escolhas foram assertivas para tal resultado. Pesquisadores da área se questionam como ao acessar as mesmas técnicas de criação é possível arquitetos apresentarem resultados tão diferentes para o mesmo programa estabelecido. A subjetividade é, sem dúvida, a mais atrativa dentre as qualidades de um criador, e não só preocupados em desvendá-la, costumamos incorporar os aprendizados apresentados por ela como resultados em partido arquitetônico.

A neurociência torna-se aliada da arquitetura quando desvenda o processo em que subjetividade de algum lugar específico se desenvolve na mente de um indivíduo, que pode ser o arquiteto; neste momento está sendo admirado pelo seu trabalho concluído, o usuário; que experienciará um novo projeto em criação, ou para o *self* de um outro individuo, que pode ser arquiteto ou não, que analisa o ambiente em questão. É muito comum o arquiteto em processo criativo, dono de um *self*, optar por padrões de outro *self*, pode ser de um ídolo, ou de um profissional que admire muito, por exemplo, não se trata de uma cópia, mas apenas de uma incorporação de conceitos e resultados de memorias que não foram vividas por ele mesmo, portanto seu resultado pode não ser avaliado tecnicamente como original, mas até o fato de se propor em projetar com padrões neurais de outra pessoa já mostra muito sobre a subjetividade desse criador.

A criação de padrões neurais fica clara na expressão artística dos arquitetos ao longo de suas carreiras. Esses padrões começam a ser estabelecidos desde o primeiro contato com a arquitetura, não propriamente durante a faculdade, onde isso irá se fortalecer, mas naquilo que desenvolveu seu interesse por ela, as linhas retas ou curvas de um brinquedo da infância, por exemplo. Ao ter sua produção arquivada, no final de sua carreira, o arquiteto consegue analisar o processo de criação de dos partidos arquitetônicos de seus projetos concluídos relacionados com os eventos marcantes da sua vida, exatamente porque eles realmente estão vinculados.

Primeira Etapa – O autoconhecimento

Ao tratarmos de um projeto, geralmente lidamos com resultados de pelo menos três subjetividades diferentes: a do arquiteto, a do proprietário e a do usuário. Em alguns aspectos, é possível identificar resultados semelhantes, mas para uma assertividade maior, a ciência propõe que se escolha um desses *selfs* para que estabeleça os padrões de respostas e que as outras se adaptem a ela. Não faz mais sentido, com todo o conhecimento adquirido, que não priorizemos a subjetividade do usuário, que é quem experienciará o projeto.

Para a interpretação dos dados que serão observados é necessário que o avaliador, o autor do projeto, saiba primeiramente distinguir as suas respostas padrões das do sujeito observado. Para isso, torna-se necessário o autoconhecimento de seus padrões intuitivos. O autor pode avaliar-se ou ainda ser avaliado por uma outra pessoa e usar suas respostas como dados a serem analisados; o conflito entre os dados nunca é negativo, e nem existe certo ou errado, o que se propõe é a identificação de onde existe a subjetividade de cada uma das partes.

O primeiro objetivo da etapa de autoconhecimento é checar a consciência dos sinais que seus sentidos sensoriais mandam para seu cérebro. Obviamente, ao nos depararmos com um ambiente escuro ou nos queimarmos com algo, podemos atestar o quanto nossos sentidos estão apurados. Não se trata de testar limites, mas sim de colocar a atenção sobre tarefas simples do cotidiano.

a. **Avaliação do Sistema Sensorial**

Para avaliar o Sistema Sensorial, o indivíduo poderá em momentos diferentes dos seus dias, durante a execução das tarefas, simplesmente parar e colocar toda a sua atenção em todas as respostas sensoriais que está sentindo. O teste pode ser feito quantas vezes achar necessário, porém, como metodologia de pesquisa, é preciso pelo menos sete episódios em ambientes, datas e horários diferentes.

Tabela 1 - Modelo de Autoanálise de Atenção ao Sistema Sensorial

Dia	Hora	Ambiente	Questões	Respostas	Positiva	Negativa
Análise 1 / 19.04.2021	18:54	Escritório	O que seu paladar está detectando?	Restante do sabor do café	v	
			Que som está ouvindo neste instante?	Fala de terapia em grupo do Bruno	v	
			O que sente sob a pele?	Pés frios		v
			O que chama atenção no seu campo de visão?	Desenho da fonte que escolhi para o texto	v	
			Qual aroma, cheiro está sentindo?	Nenhum aroma me chama atenção		v
			Se tiver uma emergência, que rota traçaria até a porta mais próxima?	Sairia pela porta da cozinha e desceria pelo elevador do prédio	v	
Análise 2 / 19.04.2021	23:46	Cozinha	O que seu paladar está detectando?	O jantar	v	
			Que som está ouvindo neste instante?	Falas da TV	v	
			O que sente sob a pele?	Incômodo com a cadeira pequena		v
			O que chama atenção no seu campo de visão?	O lixo que preciso levar à lixeira		v
			Qual aroma, cheiro está sentindo?	Do feijão que lembra o da minha mãe	v	
			Se tiver uma emergência, que rota traçaria até a porta mais próxima?	Estou ao lado da porta que sairia correndo	v	

(Qual a Valência?)

ARQUITETURA PARA MENTE:
APONTAMENTOS DE UMA ARQUITETA QUE ENCONTROU A NEUROCIÊNCIA

	Dia	Hora	Ambiente	Questões	Respostas	Positiva	Negativa
Análise 3	20.04.2021	11:15	Obra G.M.	O que seu paladar está detectando?	O que restou da pasta de dente	v	
				Que som está ouvindo neste instante?	Dos rolos de pintura na parede	v	
				O que sente sob a pele?	O medo de encostar na tinta fresca		v
				O que chama atenção no seu campo de visão?	A tinta fresca		v
				Qual aroma, cheiro está sentindo?	De tinta fresca	v	
				Se tiver uma emergência, que rota traçaria até a porta mais próxima?	Sairia pela porta da cozinha, mas esbarraria com certeza		v
Análise 4	21.04.2021	16:58	Escritório	O que seu paladar está detectando?	Nenhum gosto específico		v
				Que som está ouvindo neste instante?	TV da sala		v
				O que sente sob a pele?	Vestido apertado		v
				O que chama atenção no seu campo de visão?	Limpeza feita recentemente	v	
				Qual aroma, cheiro está sentindo?	Produto de limpeza	v	
				Se tiver uma emergência, que rota traçaria até a porta mais próxima?	Sairia pela porta da cozinha	v	

Dia	Hora	Ambiente	Questões	Respostas	Positiva	Negativa
					Qual a Valência?	
Análise 5 22.04.2021	22:41	Sala	O que seu paladar está detectando?	A Coca-cola que acabei de tomar	v	
			Que som está ouvindo neste instante?	Gritos vindos da TV		v
			O que sente sob a pele?	Calor		v
			O que chama atenção no seu campo de visão?	Cores da televisão	v	
			Qual aroma, cheiro está sentindo?	Do petisco dos cachorros		v
			Se tiver uma emergência, que rota traçaria até a porta mais próxima?	Pela porta da cozinha, porque a da sala deve estar trancada		v
Análise 6 23.04.2021	12:07	Quarto	O que seu paladar está detectando?	Pasta de dente	v	
			Que som está ouvindo neste instante?	Obra do vizinho		v
			O que sente sob a pele?	Estou com uma roupa inadequada para o calor		v
			O que chama atenção no seu campo de visão?	O fio da net		v
			Qual aroma, cheiro está sentindo?	Cheiro de sabonete vindo do banheiro	v	
			Se tiver uma emergência, que rota traçaria até a porta mais próxima?	A da sala	v	

Dia	Hora	Ambiente	Questões	Respostas	Positiva	Negativa
					Qual a Valência?	
Análise 7 / 24.04.2021	09:00	Varanda	O que seu paladar está detectando?	Nenhum gosto específico	v	
			Que som está ouvindo neste instante?	Música que o vizinho está escutando	v	
			O que sente sob a pele?	Brisa do mar	v	
			O que chama atenção no seu campo de visão?	Pedra da Gávea	v	
			Qual aroma, cheiro está sentindo?	Do jornal		v
			Se tiver uma emergência, que rota traçaria até a porta mais próxima?	Porta da sala	v	

Fonte: Tabela desenvolvida pela autora

Análise das respostas:

Sobre o **dia, hora e local** é importante relacionar o quanto variam o grau de percepção de acordo com o ciclo circadiano do indivíduo, se em alguns momentos eles se tornam mais conscientes ou mais sensíveis.

Ao analisar as respostas, é preciso focar primeiramente naquelas de valência **negativa**. Trata-se de um dado que o arquiteto pode tendenciar na decisão. Desse modo, as respostas com valências positivas que aparecem em mais de um terço de vezes devem ser anotadas e levadas em consideração em qualquer contexto que possa aparecer durante o processo criativo, também poderão ser tendenciosas.

b. **Subjetividade Sensorial**

De forma simples, a neuroplasticidade é o que permite que o cérebro seja adaptável a mudanças, atuando de forma maleável. O cérebro funciona por meio dos neurônios que percorrem diversos caminhos. Esses caminhos seguem padrões, que podem ser alterados. Essa remodelagem é feita por meio de um trabalho que envolve pensamentos, vivências, emoções, comportamentos, necessidades pessoais e mesmo o ambiente no qual o indivíduo está inserido. A plasticidade permite que novas ligações entre os neurônios (as sinapses) sejam estabelecidas, alterando completamente a rede de conexões. De acordo com (Merzenich, 2013), neurocientista da Universidade de San Francisco, "[...] o cérebro é uma MÁQUINA DE MUDAR, nos confere a habilidade de fazer coisas amanhã que não fazemos hoje" (Merzenich, 2013).

Apesar de vir de um período de grande desenvolvimento na fase uterina, não existe nenhuma evidência de que há pensamentos em curso nos recém-nascidos. Há pouca evidência de que haja qualquer habilidade cognitiva. Levam-se meses do início de pequenos movimentos até a capacidade de se locomover sozinho. A partir dos três anos de idade, o cérebro já é capaz de registrar, armazenar e evocar milhares de significados, capaz de exercer habilidades perceptuais refinadas de acordo com o ambiente cultural inserido. Ali já existe um indivíduo que controla seu desenvolvimento.

M. Merzenich separa a atividade da neuroplasticidade em dois períodos, o crítico e o contínuo. O período crítico ocorre durante o primeiro ano de vida, no qual o cérebro define sua forma inicial. Não precisa de um contexto de aprendizagem. Aceita todo estímulo recebido sem demandar energia da consciência. As informações não precisam ter relevância para serem armazenadas e não envolvem um contexto comportamental.

A partir do primeiro ano de vida, quando o cérebro já registra os primeiros padrões neurais, a plasticidade contínua vai atuar os modificando conforme necessário. Ela passa a redefinir padrões enquanto domina uma imensidade de habilidades. Julga os propósitos e analisa o contexto das informações e principalmente o que e como o indivíduo é recompensado pelo gasto de energia.

Tendo como base o princípio da neuroplasticidade, torna-se importante o arquiteto reconhecer quais padrões foram estabelecidos na sua infância e o acompanharam durante sua trajetória. Para a arquitetura, tomaremos como essenciais aqueles que poderão influenciar diretamente na subjetividade sensorial. Ou seja, por meio de uma análise de dados territoriais, é possível identificar um índice médio de temperatura, radiação e insolação que o sujeito recebeu durante sua vida. A análise desses índices pode sugerir respostas como preferências entre paletas de cores, tolerância à luminância e sensibilidade à climatização.

Em seu artigo "Avaliação de #TheDress com testes de visão de cores tradicionais: diferenças de percepção estão associadas ao azulado" (2015), a neurocientista Claudia Feitosa Santana, da Universidade Federal do ABC, afirma que o sistema de visão de cores continua a se desenvolver após o nascimento, especialmente durante o primeiro ano de vida. Foi sugerido que existe um processo de desenvolvimento que ocorre desde a primeira infância até a idade adulta que define as preferências de cor do indivíduo (Stephen E. Palmer, 2013), e diferenças interindividuais na exposição a UV-B durante a infância podem resultar em diferenças interindividuais nas preferências de cores ou tonalidades exclusivas ao longo do eixo azul/amarelo da luz do dia (Miyahara et al., 2004).

Para exemplificar a segunda tabela de análise de autoconhecimento, o sujeito analisado é a arquiteta, autora deste trabalho. Por mudar-se recentemente, passa por uma alteração fisiológica de adaptação no novo endereço, fica claro, por meio dos dados a seguir, a diferença entre as cidades.

O sujeito nasceu e viveu a maior parte de sua vida na cidade de Santo André (SP). Portanto seus padrões foram estabelecidos de acordo com as características daquele território. Hoje more na cidade do Rio de Janeiro, que apresenta dados diferentes da cidade natal. Cabe lembrar que se o sujeito tiver nascido em uma cidade, passado a maior parte da infância em uma segunda e atualmente viver numa terceira, o ideal é fazer a análise das três cidades.

Tabela 2 - Memória fisiologica - Temperatura, Radiação e Insolação

		Janeiro	Fevereiro	Março	Abril	Maio	Junho	Julho	Agosto	Setembro	Outubro	Novembro	Dezembro	Média Anual
TEMPERATURA	Rio de Janeiro - RJ	28	28	26	25	23	23	27	23	23	25	26	27	25
	Santo André - SP	25	25	24	20	19	17	16	16	16	17	20	25	20
RADIAÇÃO	Rio de Janeiro - RJ	18	20	18	14	12	10	12	12	14	18	18	18	16
	Santo André - SP	16	16	16	12	10	10	10	12	12	16	16	16	14
INSOLAÇÃO	Rio de Janeiro - RJ	7	8	7	4	6	6	6	6	5	3	5	6	6
	Santo André - SP	6	5	5	5	4	5	5	4	4	4	5	5	5

Nota: os valores foram arredondados para números inteiros visando facilitar a demonstração da análise.
Fonte: elaborado pela autora baseado nos dados de Tiba, 2000

Observando a tabela, é possível identificar a variação de média de temperatura anual, assim como o índice de radiação e insolação. Desse modo, é notável o esforço fisiológico que o organismo apresenta pra se adaptar em um novo território em condições próximas, porém diferentes do que viveu por 37 anos.

Para nossa análise de autoconhecimento, observa-se que:

> i. O sujeito vive em um território cinco graus mais quente em média.
> ii. Esse território recebe mais radiação do que o anterior, cerca de 2 (MJ/ m. dia).
> iii. Os dias apresentam em média uma hora a mais do que o ambiente anterior.

Desse modo, já identificamos uma necessidade de adaptação do organismo em quatro graus para mais quente. O que de pronto vem à mente é o auxílio do ar-condicionado para alcançar mais frescor. Porém o que a neurociência sugere é o uso de técnicas que vão aos poucos adaptar o organismo ao ambiente mais quente. A arquitetura pode contribuir com soluções e materiais que ajudem nessa adaptação. Levando o organismo a uma evolução adaptativa escalonada e não drástica, causadora de mais efeitos colaterais.

É preciso lembrar que, por mais surpreendente que pareça, as cores são variações de luz branca, quem processa essa variação e transforma no elemento cromático que percebemos é o nosso cérebro. Portanto fica óbvio apontar o quão importante é a incidência de luz solar na fase do período crítico da neuroplasticidade. Esse padrão será referência de preferências nas escolhas do indivíduo. Com esses dados, é possível observar o padrão mais adaptativo de espectro de cores para esse indivíduo.

Figura 2 - Espectro visível de luz, segundo a Teoria das Cores de Newton

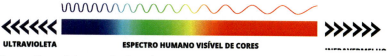

Fonte: Croqui desenvolvido pela autora

c. **Aspectos sobre personalidade**

Ao nos depararmos com qualquer análise de nossa personalidade, um desconforto instantâneo é estabelecido, talvez seja um alerta do organismo para um assunto delicado, mas o que nos interessa é desvendar quais características de nossa personalidade estão presentes como marcador somático em nosso processo de tomada de decisão.

Chamamos de memórias genéticas os genes que são passados a cada geração com as informações do indivíduo progenitor. Na concepção da personalidade, os pais dão os genes, criação e proporcionam o ambiente familiar. Porém são os ambientes externos os grandes responsáveis pela construção da personalidade; amigos, ambiente de trabalho, escolar, assim como a convivência com parentes próximos e o acompanhamento de influenciadores digitais.

O neurocientista político (Hatemi, 2012), da Universidade do Nebraska, demonstrou por meio de um estudo com gêmeos idênticos (de genoma igual), o quanto as inclinações políticas e religiosas, que a ciência acreditava ter origem somente no comportamento humano, são herdadas geneticamente. O estudo de Hatemi fez um comparativo entre gêmeos idênticos e fraternos, onde a partir do momento que gêmeos fraternos passam a ter influências diferentes, expressam opiniões diferentes. Já os gêmeos idênticos, mesmo com influências diferentes, possuem a mesma opinião sobre os mesmos aspectos.

É importante que o sujeito possa perceber a semelhança ou até mesmo a origem de certas preferências, não para que isso influencie na sua valência, mas que seja um aspecto de análise quando seu resultado puder ser cruzado com o de outrem.

Um exemplo de autoanálise para o arquiteto é investigar seus antepassados e até parentes próximos sobre questões políticas ou religiosas que possam influenciar na criação de crenças nucleares, as quais em determinado momento possam interferir negativamente na qualidade de seu processo criativo.

Ao analisar a tabela a seguir, poderíamos chegar a diversas conclusões sobre aspectos diferentes. Usarei para a discussão a questão da religiosidade presente em toda personalidade antepassada ao sujeito analisado. Na prática, colhemos como resultado específico desta análise, todos os símbolos da religião que podem estar presente na arquitetura e *design*. Esse sujeito apresenta grandes possibilidades de muita intimidade com o tema.

Tabela 3 - Quadro de características semelhantes de antepassados

	Transtornos Observados	Facilidade de Cognição	Religiosidade	Prefencia Alimentar
Sujeito	Transtorno Alimentar	Motora	Praticante	Carboidrato
Pai	Alcoolismo	Matemática	Praticante	Proteína
Tio Paterno	Alcoolismo	Matemática	Praticante	Proteína
Tia Paterna	TDAH	Motora	Praticante	Proteína
Avô Paterno	Depressão	Matemática	Praticante	Proteína
Avó Paterna	Ansiedade	Motora	Praticante	Carboidrato
Bisavó Paterna	TDAH	Matemática	Praticante	Carboidrato
Bisavó Paterno	TDAH	Motora	Praticante	Carboidrato
Mãe	Transtorno Alimentar	Motora	Praticante	Carboidrato
Tio Materno	Depressão	Motora	Praticante	Carboidrato

Tia Materna	Transtorno Alimentar	Motora	Praticante	Proteína
Avô Materno	Ansiedade	Motora	Praticante	Proteína
Avó Materna	Transtorno Alimentar	Motora	Praticante	Carboidrato
Bisavô Materno	Ansiedade	Matemática	Praticante	Proteína
Bisavó Materna	Ansiedade	Motora	Praticante	Carboidrato

Fonte: a autora

Dentro das inúmeras características que a ciência já demonstrou que podem ser herdadas geneticamente, algumas despertariam interesse na análise do histórico familiar; psicopatias com sintomas de danos perceptivos, cognição, seja ela motora, comunicativa (linguagem) ou matemática, inclinação política, religiosidade, saúde psicológica e preferencias alimentares.

Outro aspecto importante para a autoanálise é uma reflexão de como o sujeito se comporta quando está em grupo. De modo rápido, apenas para acessar algumas memórias e propor uma reflexão sobre a trajetória, é importante que se faça uma observação do comportamento em fases marcantes da vida social.

Na avaliação a seguir é possível observar vários tipos de interações em grupo, estamos focando no desenvolvimento de processo criativo, o que torna importante que o sujeito se reconheça como parte e seu comportamento ao executar tarefas coletivas.

Tabela 4 – Memórias comportamentais

	Em qual dos comportamentos, entre amigos, você se encaixaria na maioria das vezes?	
Infância	Durante a brincadeira, buscava outros interesses.	
	Observava as crianças brincando, não participava, mas opinava sobre o andamento da brincadeira.	
	Brinca sozinha, com outros brinquedos. Centralizava seu interesse na sua própria brincadeira.	
	Participa da brincadeira, divide os brinquedos, mas sem preocupar-se com uma organização ou regras.	v
	Participa da brincadeira, mas de forma altamente organizada.	
Adolescência	Durante o trabalho em grupo, buscava outros interesses.	
	Observava quem estava fazendo, não participava, mas opinava sobre o que deveria ser feito.	
	Fazia seu trabalho que era em grupo, sozinho.	
	Participa da atividade, divide as tarefas, mas sem preocupar-se com uma organização ou regras.	v
	Participa da atividade, mas de forma altamente organizada.	
Primeiro emprego	Durante o trabalho em grupo, buscava outros interesses.	
	Observava quem estava fazendo, não participava, mas opinava sobre o que deveria ser feito.	
	Fazia seu trabalho que era em grupo, sozinho.	v
	Participa da atividade, divide as tarefas, mas sem preocupar-se com uma organização ou regras.	
	Participa da atividade, mas de forma altamente organizada.	
Atualmente	Durante o trabalho em grupo, buscava outros interesses.	
	Observava quem estava fazendo, não participava, mas opinava sobre o que deveria ser feito.	
	Fazia seu trabalho que era em grupo, sozinho.	
	Participa da atividade, divide as tarefas, mas sem preocupar-se com uma organização ou regras.	v
	Participa da atividade, mas de forma altamente organizada.	

Fonte: elaborado pela autora

A Teoria dos traços de personalidade de Gordon Allport (1877-1967) afirma que traços "cardeais" são aqueles que dominam e moldam o comportamento de uma pessoa; suas paixões dominantes/obsessões, tais como a necessidade de dinheiro, fama etc. Por outro lado, traços "centrais", como a honestidade, são características encontradas em algum grau em cada pessoa. E, finalmente, traços "secundários" são aqueles vistos apenas em determinadas circunstâncias. A teoria de Allport serviu de base para o desenvolvimento da teoria que deu origem ao único teste cientificamente comprovado sobre traços de personalidade, a Teoria das Cinco Personalidades ou *Big Five*, a teoria diz que existem cinco grandes personalidades: **Abertura à experiência, Conscienciosidade, Extroversão, Amabilidade e Neuroticismo.** As principais características de cada uma delas são apontadas como:

Abertura à experiência: personalidades que se sentem à vontade de tentar coisas novas, não temem arriscar-se (Izabella Brito Silva, 2011).

Conscienciosidade: personalidades que gostam de trabalhar dentro das regras e planejar e organizar com eficácia (Izabella Brito Silva, 2011).

Extroversão: pessoas com alto índice de extroversão tendem a buscar oportunidades de interação social, sentem-se confortáveis com os outros e ativos (Izabella Brito Silva, 2011).

Amabilidade: são sensíveis às necessidades dos outros e são afetuosas com seus amigos e entes queridos, bem como simpáticas com as dificuldades de estranhos (Izabella Brito Silva, 2011).

Neuroticismo: propensas à ansiedade, à tristeza, à preocupação e à baixa autoestima. Elas podem ser temperamentais ou facilmente irritar-se, e tendem a ser autoconscientes e inseguros de si mesmos (Izabella Brito Silva, 2011).

d. Cognição: as inteligências de Gardner

Dr. Howard Gardner é um psicólogo cognitivo de Harvard que nos anos de 1980, contrariando a metodologia de teste de QI (Quociente de Inteligência), desenvolveu a Teoria das Inteligências

Múltiplas, que afirma que todo indivíduo tem pelo menos duas dessas inteligências e ainda a possibilidade de uma pessoa não ter nenhuma é nula e considera-se rara possibilidade de alguém apresentar bom desempenho em todas as oito modalidades descritas como:

Lógica-matemática: os componentes centrais desta inteligência são descritos por Gardner como uma sensibilidade para padrões, ordem e sistematização. É a habilidade para explorar relações, categorias e padrões, por meio da manipulação de objetos ou símbolos, e para experimentar de forma controlada; é a habilidade para lidar com séries de raciocínios, para reconhecer problemas e resolvê-los. É a inteligência característica de matemáticos e cientistas.

Linguística: os componentes centrais da inteligência linguística são uma sensibilidade para os sons, ritmos e significados das palavras, além de uma especial percepção das diferentes funções da linguagem. É a habilidade para usar a linguagem para convencer, agradar, estimular ou transmitir ideias. Gardner indica que é a habilidade exibida na sua maior intensidade pelos poetas. Em crianças, esta habilidade manifesta-se por meio da capacidade para contar histórias originais ou para relatar com precisão, experiências vividas. Habilidade de aprender línguas e de usar a língua falada e escrita para atingir objetivos. Advogados, escritores e locutores exploram-na bem.

Espacial: Gardner descreve a inteligência espacial como a capacidade para perceber o mundo visual e espacial de forma precisa. É a habilidade para manipular formas ou objetos mentalmente e, a partir das percepções iniciais, criar tensão, equilíbrio e composição, numa representação visual ou espacial. É a inteligência dos artistas plásticos, dos engenheiros e dos arquitetos. Em crianças pequenas, o potencial especial nessa inteligência é percebido por meio da habilidade para quebra-cabeças e outros jogos espaciais e a atenção a detalhes visuais. É importante tanto para navegadores como para cirurgiões, ou escultores.

Físico-cinestésica: esta inteligência refere-se à habilidade para resolver problemas ou criar produtos por meio do uso de parte ou de todo o corpo. É a habilidade para usar a coordenação grossa ou fina em esportes, artes cênicas ou plásticas, no controle dos movimentos do corpo e na manipulação de objetos com destreza. A criança especialmente dotada na inteligência cinestésica move-se com graça e expressão; a partir de estímulos musicais ou verbais demonstra uma grande habilidade atlética ou uma coordenação fina apurada. Dançarinos, atletas, cirurgiões e mecânicos valem-se dela.

Interpessoal: esta inteligência pode ser descrita como uma habilidade para entender e responder adequadamente a humores, temperamentos, motivações e desejos de outras pessoas. Ela é mais bem apreciada na observação de psicoterapeutas, líderes religiosos, professores, políticos e vendedores bem-sucedidos. Na sua forma mais primitiva, a inteligência interpessoal manifesta-se em crianças pequenas como a habilidade para distinguir pessoas, e na sua forma mais avançada, como a habilidade para perceber intenções e desejos de outras pessoas e para reagir apropriadamente, a partir dessa percepção. Crianças especialmente dotadas demonstram muito cedo uma habilidade para liderar outras crianças, uma vez que são extremamente sensíveis às necessidades e sentimentos de outros.

Intrapessoal: esta inteligência é o correlativo interno da inteligência interpessoal, isto é, a habilidade para ter acesso aos próprios sentimentos sonhos e ideias, para discriminá-los e lançar mão deles na solução de problemas pessoais. É o reconhecimento de habilidades, necessidades desejos e inteligências próprias, a capacidade para formular uma imagem, precisa de si próprio e a habilidade para usar essa imagem para funcionar de forma efetiva. Como essa inteligência é a mais pessoal de todas, ela somente é observável por meio dos sistemas simbólicos das outras inteligências, ou seja, por intermédio de manifestações linguísticas, musicais ou cinestésicas.

Musical: esta inteligência manifesta-se por meio de uma habilidade para apreciar, compor ou reproduzir uma peça musical. Inclui discriminação de sons, habilidade para perceber temas musicais, sensibilidade para ritmos, texturas e timbre, e habilidade para produzir e/ou reproduzir música. A criança pequena com habilidade musical especial percebe, desde cedo, diferentes sons no seu ambiente e, frequentemente, canta para si mesma.

Atualmente, Gardner admite a existência de uma oitava inteligência, a **naturalista**, que seria a capacidade humana de reconhecer objetos na natureza e a sua relação com a vida humana, e a existencial, que está ligado ao entendimento além do corpóreo, o transcendente, o entendimento sobre a vida, a morte, o universo (inteligência dos místicos, dos religiosos etc.) que seria uma nona inteligência (Gama, 2014, s/p).

No exercício de autoanálise, trazendo para a consciência o conceito de suas múltiplas inteligências, o sujeito consegue extrair seu melhor produto e reconhecer com o que precisaria gastar mais energia, assim otimizando seu tempo e oportunidades. Para ter acesso a essas informações, é preciso responder a um questionário simples, proposto por Gardner, o qual mostrará a porcentagem de cada inteligência no seu perfil.

Figura 4 - Resultado obtido pela autora em 21 de abril de 2021

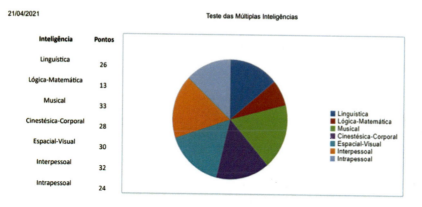

Fonte: disponível em: http://idaam.edu.br/ambiente/multiplas-inteligencias/teste-multiplas-inteligencias.html. Acesso em: 19 abr. 2021

e. **Memória**

Se pararmos para refletir sobre o que é a memória, chegaremos à conclusão que memória é tudo, memória é o que nos compõe, da funcionalidade de banco de dados à capacidade de aprender ou evocar informações. Podemos então, para uma análise mais clara, dividir a memória sob três aspectos: a memória genética, a memória cultural e a memória das experiências vividas.

Trataremos como **memória genética** todas as informações que temos devido à hereditariedade; as emoções primárias, as respostas do sistema autônomo simpático e parassimpático diante de uma situação de perigo, assim como a memória genética característica dos parentes próximos do indivíduo.

As **memórias culturais** são todas aquelas que conectam o indivíduo com grupos regionais que geraram valores, preferências, hábitos, rituais e símbolos durante o desenvolvimento do sujeito.

Identificamos como **memórias das experiências vividas** todas aquelas que o indivíduo viveu privadamente, todos seus momentos marcados por emoções na sua consciência. Aqui ficam também todas as habilidades técnicas, toda tecnologia aprendida. Tecnologia no sentido literal da palavra, de se saber lidar com a técnica.

A neurociência diz que o cérebro organiza as memórias em **longo prazo** e **curto prazo**. A memória de **longo prazo** é a que retém de forma definitiva a informação, permitindo sua recuperação ou evocação. Nela estão contidos todos os nossos dados autobiográficos e todo nosso conhecimento. Sua capacidade é praticamente ilimitada. A memória de **curto prazo** trabalha com dados por algumas horas até que sejam gravados de forma definitiva. Esse tipo de memória é particularmente importante nos dados de cunho declarativo. Em caso de algum tipo de agressão ao cérebro, enquanto as informações estão armazenadas nesse estágio da memória, ocorrerá sua perda irreparável.

Na autoanálise, para o processo criativo é proposto um exercício para que o sujeito evoque as principais memórias sensitivas considerando como meta a identificação das emoções relacionadas às respostas sensoriais que o sistema nervoso armazenou como padrão. Evocaremos respostas de três períodos distintos: 1. Aquele que o sujeito entende como primeira infância; 2. Dos 15 aos 23 anos (adolescência e juventude); 3. Período atual, independentemente da idade apresentada, memórias evocadas que ocorreram há aproximadamente um ano.

Tabela 5 – Nomear as memórias

		Memórias da primeira infância		
		1	2	3
	Aromas agradáveis	Cheiro de mãe	Giz de cera	Maquiagem
	Aromas desagradáveis	Graxa	Cerveja	Pratos típicos
Olfato	Locais em que experienciou aromas agradáveis	Guarda-roupa da mamãe	Casa da madrinha	Escola
	Locais em que experienciou aromas desagradáveis	Oficina do meu tio	Festas	Encontros familiares

ARQUITETURA PARA MENTE:
APONTAMENTOS DE UMA ARQUITETA QUE ENCONTROU A NEUROCIÊNCIA

		Memórias da primeira infância		
		1	2	3
Paladar	Sabores agradáveis	Bubbaloo de tutti-fruti	Misto quente	McDonald's
	Sabores desagradáveis	Miúdos de boi	Vitamina de mamão	Óleo de fígado de bacalhau
	Locais em que experienciou sabores agradáveis	Casa da madrinha	Clube	McDonald's
	Locais em que experienciou sabores desagradáveis	Casa da avó paterna	Escolinha	Em casa
Tato	Uma textura agradável	Emborrachado de brinquedos	Macio do edredom	Geleia
	Uma textura desagradável	Roupa em plush	Sofá de couro	Doce derretido nas mãos
	Objetos que remetam a uma textura agradável	Travesseiro	Papel sulfite	Figurinhas com texturas de pelos de animais
	Objetos que remetam a uma textura desagradável	Parafuso	Guarda-chuva	Bola de plástico
Visão	Imagens agradáveis	Televisão	Discos	Barbies
	Imagens desagradáveis	Imagens religiosas	Palhaços	Aglomeração
	Cores agradáveis	Verde-água	Rosa	Roxo
	Cores desagradáveis	Bege	Marrom	Verde escuro
Audição	Sons agradáveis	Vozes de mulheres	Músicas infantis	Som do chuveiro
	Sons desagradáveis	Motor de Kombi	TV sem sinal	Secador de cabelo
	Músicas agradáveis	Doce mel	Águas de março	Sertanejo
	Músicas desagradáveis	Propagandas	Religiosas	Fascinação

	Memórias adolescência e juventude			
		1	2	3
Olfato	Aromas agradáveis	Perfume Lou-Lou	Xampu Darling	Gelo Seco
	Aromas desagradáveis	Transporte público	Banheiro da escola de ballet	Suor
	Locais em que experienciou aromas agradáveis	Casa da Bruna	Aeroporto	Neve
	Locais que experienciou aromas desagradáveis	Escola de ballet	Ônibus	Rua Oliveira Lima
Paladar	Sabores agradáveis	Bolacha de limão	*Fast food*	*Snacks*
	Sabores desagradáveis	Melado	Salada de chuchu	Iogurte com aveia
	Locais em que experienciou sabores agradáveis	Shopping	Casa da Bruna	Natal no Canadá
	Locais em que experienciou sabores desagradáveis	Minha Casa	Restaurante Brigadeiro	Hospital
Tato	Uma textura agradável	Moletom	Cabelo desembaraçado	Água de piscina
	Uma textura desagradável	Restos de comida na louça	Barra de ferro de portão descascando	Esparadrapo
	Objetos que remetam a uma textura agradável	Travesseiro	Secador	Couro
	Objetos que remetam a uma textura desagradável	Gola rolê	Meia-calça	Pneu

ARQUITETURA PARA MENTE:
APONTAMENTOS DE UMA ARQUITETA QUE ENCONTROU A NEUROCIÊNCIA

		Memórias adolescência e juventude		
		1	2	3
Visão	Imagens agradáveis	CD Backstreet Boys	Fotos de encontros com amigos	Cinema
	Imagens desagradáveis	Provas da escola	Material do inglês	Atividades domésticas
	Cores agradáveis	Verde	Caqui	Preto
	Cores desagradáveis	Vermelho	Amarelo	Laranja
Audição	Sons agradáveis	Jogo de bola na rua	Barulho da bicicleta	Buzina da pizza
	Sons desagradáveis	Ônibus	Despertador	Sinal internet
	Músicas agradáveis	Backstreet Boys	Spice Girls	É o Tchan!
	Músicas desagradáveis	Adagio ballet	Sertanejos	Julio Iglesias
		Memórias recentes (último ano)		
		1	2	3
Olfato	Aromas agradáveis	Zaha	Bruno	Meu perfume
	Aromas desagradáveis	Louça suja	Grama cortada	Ozônio
	Locais em que experienciou aromas agradáveis	Hotel Marrocos	Shopping Leblon	Aeroporto
	Locais que experienciou aromas desagradáveis	Medina	Hospital	Indústria de móveis
Paladar	Sabores agradáveis	Brigadeiro	Pizza	Nhoque
	Sabores desagradáveis	Chuchu	Mamão	Melão
	Locais em que experienciou sabores agradáveis	Minha Casa	Festas de casamento	Jerusalém
	Locais em que experienciou sabores desagradáveis	Hospital	Restaurante vegano	Minha casa

	Memórias recentes (último ano)		
	1	2	3
Tato Uma textura agradável	Pelo da Zaha	Pele do Bruno	Edredom
Uma textura desagradável	Elástico de roupa no corpo	Cera quente	Lençol com migalha
Objetos que remetem a uma textura agradável	Travesseiro	Capa de celular emborrachada	Folha de caderno já escrita
Objetos que remetam a uma textura desagradável	Escova de roupa	Ralador	Camisa de time
Visão Imagens agradáveis	Zaha e Ziggy	Vista do mar	Carnaval de Salvador
Imagens desagradáveis	Congestionamento	Imagens sacras	Bagunça da minha casa
Cores agradáveis	Verde-água	Azul	Rosa
Cores desagradáveis	Mostarda	Verde militar	Azul *royal*
Audição Sons agradáveis	Mar	Chuva	Vozes de pessoas amadas
Sons desagradáveis	Obra	Latidos	TV alta
Músicas agradáveis	Águas de março	Meia-lua inteira	We are carnaval
Músicas desagradáveis	Fascinação	*If I were a boy*	Hinos

Fonte: elaborado pela autora

É preciso observar o que foi marcado com uma valência positiva, mas principalmente o que foi apontado como negativo. Dentro do processo criativo, essas informações serão justificativas para escolhas subjetivas.

Nosso inconsciente também faz parte das nossas memórias, o único canal de acesso que temos a esse espaço é o que experienciamos em nossos sonhos.

Um segundo exercício recomendado é tentar trazer para o consciente o que está no inconsciente do autor do processo criativo. O neurocientista Sidarta Ribeiro, em seu livro *O Oráculo da Noite*

(2019), fala sobre como os sonhos, pertencentes ao inconsciente, podem atuar no estado consciente. Ou seja, como podemos abstrair informações concretas do subconsciente sobre assuntos que parecem peculiarmente alucinantes em nossos sonhos.

Ribeiro, em seu livro, afirma que de todas as faculdades mentais, a mais cara aos empreendedores, artistas e cientistas é a criatividade. A multiplicação da cultura depende de imaginação de novas formas a partir de recombinação de formas antigas, e a construção mental do que ainda não existe sempre se beneficiou dos sonhos como fonte primordial de inspiração. Não é difícil ouvir um relato de um músico que acordou com uma nova melodia em sua mente, assim como um *designer* que é acordado com uma solução que vinha há tempos buscando. O foco no fenômeno onírico fez com que a psicanálise tivesse uma influência marcante na arte de vanguarda das primeiras décadas do século 20, escola dadaísta e surrealista, profundamente interessadas no êxtase criativo no fluxo da consciência e na livre exploração do inconsciente (Ribeiro, 2019).

Durante o sono, o cérebro vive o embate entre fidelidade e flexibilidade cognitiva, cujos mecanismos são o fortalecimento e a reestruturação de memórias. Enquanto a fidelidade de ativação de memórias é um atributo do sono de ondas lentas — favorece a lembrança estrita dos contatos preestabelecidos com a realidade —, a reorganização de memórias parece um atributo do sono REM que facilita a resolução de problemas novos. "Rearranjar memórias é uma capacidade muito adaptativa num ambiente desafiador que muda o tempo todo e de modo imprevisível". "Mais o excesso de criatividade onírica pode levar a ideias perigosas no mundo real, sendo mais seguro submetê-las ao crivo de uma simulação fiel da realidade" (Ribeiro, 2019, s/p).

Propondo um exercício de um breve passeio pelas informações que o inconsciente mostrou ultimamente, o sujeito deverá fazer um diário de sonho, anotando informações marcantes, que tiveram destaque na narrativa. Assim poderá identificar algumas características que coincidem com a realidade e ponderar quais informações oníricas serão úteis para seu processo criativo.

Desse modo, finalizamos a primeira etapa, a de recolhimento dos dados daquele que participará ativamente do processo criativo do projeto. A seguir, focaremos no usuário, aquele para quem o partido arquitetônico é desenvolvido.

Segunda etapa – Conhecendo o usuário

Após colher seus dados, o arquiteto, deverá fazer o mesmo com o usuário do ambiente que projetará. Para isso levará em consideração as variáveis de projeto tais como; o programa arquitetônico, as características físicas do espaço, a viabilidade econômica para sua execução. Essas informações serão cruzadas com a análise do perfil do usuário e como resultado gerar um ambiente destinado à experiencia do usuário (indivíduo em questão).

Aplicaremos para o usuário os mesmos exercícios da Primeira etapa, precisaremos de sua colaboração para respondê-los todos: Avaliação do Sistema Sensorial, Subjetividade Sensorial, Aspectos sobre Personalidades, Cognição e Memórias.

Os clientes sempre vêm cheios de situações não prazerosas, em que suas emoções estão em valências negativas. O que precisamos fazer é trabalhar a função daquela emoção no projeto. O intuito é aplicar uma reavaliação cognitiva baseada no método *Reappraisal* da Terapia Cognitiva, que preza por reavaliar a situação e dar a ela um novo significado, ou seja, reinterpretar uma situação para poder influenciar as emoções de acordo com a queixa do usuário.

As **crenças nucleares** são padrões estabelecidos desde a infância, solidificam-se e fortalecem-se ao longo da vida. Elas são o nível cognitivo mais profundo, consiste em ideias **globais, absolutistas e rígidas, enraizadas e cristalizadas**, as quais moldam o jeito de ser e agir do sujeito. Na psiquiatria, avalia-se que o ambiente é a extensão de quem o ocupa, assim como existe crenças nucleares do indivíduo, é possível avaliar essas crenças para o perfil do usuário do projeto. Correlacionando com o diagnóstico do perfil do usuário, iremos identificar as crenças nucleares, neste caso denominadas crenças nucleares arquitetônicas.

As crenças nucleares arquitetônicas são aquelas que tanto arquitetos como leigos adquirem sem comprovação científica ou ainda foram comprovadas, mas já ultrapassadas, são conceitos que o público toma como premissa de projeto que muitas vezes causam danos à saúde e ao bem-estar do usuário. Muitas vezes o sujeito que as tem, interpreta como sua necessidade, mas na verdade ele está buscando uma solução para um outro problema, cabe ao arquiteto aplicar a solução no problema e não rebater a crença simplesmente.

São milhares as crenças nucleares arquitetônicas, para não se enganar é preciso conferir as respostas neurocientíficas sobre o que demandam para o organismo. Vivemos numa cultura que cobra decisões polarizadas: certo ou errado, alto ou baixo, grande ou pequeno etc. Cada mente interpreta o ambiente de uma forma, estão todos corretos. Cabe ao arquiteto a difícil tarefa de descobrir para que mundo ele irá projetar. Existem alguns testes simples que podem ser aplicados e oferecer uma interpretação simples que servirá de ferramenta de trabalho para o profissional.

Não existe uma maneira de quantificar felicidade ou tristeza em si ou nas outras pessoas, o que podemos fazer é investigar um contexto em que haja elementos que conecte o usuário com essas duas emoções. Partindo do princípio de que a tristeza seja uma reunião de momentos desagradáveis, de valência negativa e a felicidade o conjunto de momentos em que o sujeito sinta alegria, recorre-se a um questionário prévio no qual será possível identificar valências positivas e negativas para o projeto.

Sem essa investigação prévia, o arquiteto cria e só irá perceber a valência negativa ao demonstrar ou, muitas vezes, já experimentar sua ideia no usuário, o que além de causar um dano homeostático a ele, acarreta uma perde tempo e energia e um retrabalho. Ingrid Fettel Lee, em *As Formas da Alegria* (2018), propõe um questionário que o arquiteto pode usar como ferramenta para esses casos:

> Com que frequência você ri?
> Quando foi a última vez que experimentou um momento verdadeiro em restrito de deleite?

O que sente quando chega em casa no fim do dia e quando entra em cada cômodo dela?
Quanto sua família e seu companheiro valoriza a alegria?
Quem são as pessoas mais alegres na sua vida e com que frequência você as vê?
Com que frequência você encontra alegria no seu trabalho?
Quão apropriado é rir alto no seu ambiente de trabalho?
Quais atividades te deixam mais feliz?
Quanta alegria você encontra na sua cidade e no seu bairro?
Quais são seus lugares preferidos? Algum deles fica há menos de 15km da sua casa?
Quando foi a última vez que visitou um deles? (Lee, 2018, s/p).

Não cabe ao arquiteto entrar em assuntos desagradáveis ou ainda trabalhar esses assuntos com o usuário, a proposta é trabalhar uma maneira cognitiva de melhorar o ambiente onde ele vive, portanto para o questionário das questões de valências negativas, é preciso ter muita cautela para não entrar no que diz respeito às disciplinas que lidam com os produtos da mente. Para os autores dos processos criativos, o que basta é saber respostas a questões abertas, em que o usuário cite imediatamente onde não quer estar: escuro, altura, locais fechados etc.

Neurociência e a interpretação do usuário:

- **Percepção sobre luz e cores**

A PhD Claudia Feitosa Santana (Feitosa, 2023), da Universidade de São Paulo, pesquisa o fenômeno da internet que ocorreu no início de 2015. Tratava-se de um vestido azul com rendas pretas, que ao ser fotografado, era percebido por muitas pessoas como branco e dourado. A discussão chamou a atenção da neurocientista, já que havia duas interpretações diferentes para a mesma imagem.

Figura 5 - *The dress*

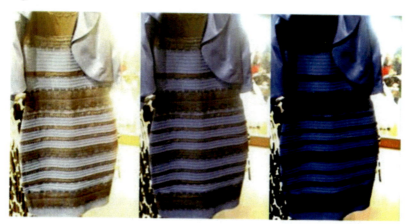

Fonte: Feitosa, 2023

O mecanismo que explicou a diferença de interpretação é chamado de Congruência de Cor: devido à mudança de iluminação constante, o cérebro desconta essa iluminação para que enxerguemos as cores.

1. Pessoas que visualizam o vestido como azul e preto: o cérebro entende que a foto foi tirada no sol, assim o cérebro desconta a luz amarela do sol e faz com que enxergue azul.

O cérebro da maioria dessas pessoas interpreta a imagem com iluminação frontal.

A maioria das pessoas é mais jovem, do sexo masculino e vespertinas.

2. Pessoas que visualizam o vestido branco e dourado: o cérebro entende que a foto foi tirada na sombra, que tem a luz azulada, então ele retira a luz da sombra e a pessoa enxerga branco.

O cérebro da maioria das pessoas deste grupo interpreta a iluminação vinda de trás.

A maioria das pessoas é menos jovem, do sexo feminino e matutinas.

Santana explica que a grande questão é que existe uma diferença entre o que é branco para cada uma das pessoas. A maneira de identificar a graduação que um indivíduo enxerga de branco é testando. Para esse teste é preciso que o próprio indivíduo maneje as cores a fim de que chegue no seu tom de branco ideal. Para isso, basta adicionar: verde, vermelho, azul e amarelo, em geral as pessoas que veem branco e dourado, colocam mais azul, para fazer um branco mais branco. A hipótese é que elas enxergam menos azul, então precisam inserir mais azul.

Essa é mais uma confirmação de que o ambiente em que se cresce ou vive mais pode influenciar a forma como o cérebro calibra a leitura da iluminação e faz com que perceba as cores.

A neurocientista aponta que um estudo sobre ativação cerebral, mostrou que o grupo de quem enxerga mais branco e dourado sofre mais de um processo chamado **Inferência Inconsciente**, no qual o tempo todo o cérebro reconhece formas, cores e texturas, e suas variáveis, no caso da cor: as variáveis são luz e sombra. Ou seja, as diferenças individuais modulam a forma que enxergamos o mundo, fazendo isso de uma forma automática e inconsciente, o nosso cérebro escolhe como vamos perceber, reconhecer, estereotipar e rotular as pessoas, os lugares e as coisas.

Ingrid Fettel Lee, em *As Formas da Alegria* (2018), identificou 10 características que nomeou como *estéticas da alegria*, em que cada uma delas se conecta diferentemente com a emoção da alegria. Ingrid acredita que a felicidade é formada por diversos momentos que contenham alegria, portanto propõe investirmos em elementos alegres para composição do projeto.

Lee constata que todos os objetos que remetem à energia, à alegria são de cores vivas e intensas. A neurociência aponta que as cores remetem a um objetivo ancestral de distinguir alimentos doces. O brilho é universalmente reconhecido como uma dimensão alegre e inteiramente ligada ao comportamento; a opacidade sempre remeteu à seriedade simplesmente por ser contrária à exuberância do brilho. Muitas vezes, as pessoas interessam-se pelo brilho, mas não se sentem à vontade de optar por ele e ser julgado por uma escolha menos racional. "O espectro de cores da casa moderna é ditado por uma bússola moral cujo o Norte é comedimento, enquanto a exuberância é indulgência. A mensagem é clara: para sermos dignos da aprovação da sociedade, devemos abandonar ou suprimir nossa inclinação natural à alegria" (2018, p. 40). A autora fala sobre uma *cromofobia* exercida pela opinião pública, em que raramente as pessoas nomeiam tons neutros como branco e bege como suas cores favoritas, mas essas cores fazem parte da maioria das suas escolhas para montar um ambiente.

Cores vivas animam a luz projetada sobre ela, refletindo-as e ampliando o seu efeito para um espaço com mais energia e brilho. Seja qual for seu uso, Lee (2018) aponta que o primeiro passo deve ser iluminar as maiores superfícies como paredes, pisos, armários ou bancadas. Paredes escuras podem parecer sofisticadas, mas como absorvem luz, reduzem seu reflexo, de modo que ela não se espalhe pelo cômodo.

Ciclo Circadiano é o fenômeno que regula as ações do organismo com o dia e a noite. Durante o dia, existe a liberação de hormônios e neurotransmissores que ajudam na vigília e no desenvolvimento de tarefas; e na noite outros que colaboram com o adormecer. Por muito tempo, os projetos de iluminação foram pensados de acordo com a performance da tarefa a ser executada, independentemente do horário do dia, ambientes funcionais demandavam cores frias para ativar o desempenho, e ambientes de descanso, ao contrário, demandavam cores quentes para ajudar no relaxamento.

A neurociência mostra que a luz mais eficaz é aquela que acompanha o ritmo do organismo, à medida que a luz do dia vai mudando, a iluminação artificial deve mudar também. Ou ainda, se o propósito for simular uma condição especial, é preciso pensar dentro desses padrões. Magna Schulz (2015, s/p), da Universidade de Wismar, na Alemanha, explica: "O papel da escuridão é tão crucial quanto o papel da iluminação para a regulagem do ritmo circadiano, ao fecharmos o olho iniciamos o processo de liberação de melatonina no nosso metabolismo, e um ambiente adequado para um sono tranquilo é fundamental". A arquiteta cita um estudo realizado na Universidade de Duke, no qual as enfermeiras simplesmente desligavam as luzes para simular o período noturno e os pacientes apresentavam melhoras.

Lee (2018) afirma que podemos encontrar alegria sem cor, mas seria muito difícil fazê-lo sem luz. Cada visão que consideramos alegre se deve à luz refletida pelo ambiente e absorvida pelos nossos olhos. A autora conta que a luz e o humor estão sempre associados, diminuindo a luz, diminui-se a alegria. Pesquisas mostraram que a maior exposição à luz do dia reduz a pressão sanguínea e melhora o humor, a atenção e a produtividade. Funcionários que se sentam perto da janela relatam maiores níveis de energia e tendem a ser fisicamente mais ativos dentro e fora do escritório

Quando não é possível a presença da luz natural, torna-se viável simular seu efeito, são os raios de luz do sol que criam um ambiente confortável, sabemos que estes não são estáticos. J. A. Veitch, em seu estudo *Psychological processes influencing lighting quality* (2001), afirma que em geral as pessoas se sentem melhor em ambientes de iluminação variável do que em ambientes com luz uniforme.

- **Percepção sobre formas, texturas e temperatura**

No capítulo de título Diversão, Lee, 2018 conta que formas circulares são acessíveis, sem cantos afiados que possam oferecer perigo, ela explica que nosso cérebro entende isso de forma intuitiva e prefere inconscientemente formas redondas às mais angulosas. "Pesquisas demonstraram que as pessoas associam implicitamente formas curvas à segurança e positividade, ao mesmo tempo que relacionam ângulos afiados a perigo e negatividade".

Moshe Bar que o sistema de defesa pode ser acionado pela amígdala quando em contato com determinadas formas. Por meio de imagens de ressonância magnética, descobriu que essa parte do cérebro se iluminava quando o indivíduo olhava para um objeto anguloso, como um prato quadrado ou uma cadeira de cantos retos, mas permanecia apagada quando em contato com uma versão arredondada do mesmo objeto (M. Bar, 2007, s/p).

Durante milhares de anos, a escassez fez parte do cotidiano humano, até mesmo ancestrais mais próximos experimentaram diferentes conceitos de escassez do que vivemos hoje. A neurociência explica que esse é um dos motivos pelos quais somos fascinados por abundância, independentemente do aspecto que ela pode ser implantada: somos inconscientemente atraídos pela alegria da abundância. Encontramos abundância em quantidade, em variedade, em distância, altura e volume, a riqueza sensorial da abundância é traduzida em formas, cores e texturas. Lee 2018 cita casas minimalistas que prometem uma serenidade zen, mas morar de forma permanente nesse tipo de espaço parece ir contra a natureza humana. Nem o suposto minimalista Philip Johnson fica o tempo todo em sua famosa casa de vidro. Depois de alguns anos, ele remodelou a casa e a transformou em um confortável refúgio de leitura com tapetes felpudos, teto abobadado e papel de parede estampado.

(Spence, 2020) leva o leitor a refletir sobre a temperatura interna de suas casas, lembrando que o professor é inglês e direciona seu questionamento para o público que vive nos países de clima predominantemente frio, ele questiona o motivo pelo qual as pessoas regulam as temperaturas internas das suas casas semelhante àquelas encontradas nas regiões africanas.

> Notavelmente, não importa se a casa do cidadão cientista era no Havaí ou no Alasca, no frio norte do estado de Washington ou no úmido sul de Everglades, na Flórida, a temperatura interna e a umidade médias ao longo do ano que corresponderam mais de perto acabaram sendo as condições amenas ao ar livre do centro-oeste do Quênia ou da Etiópia, onde se pensa inicialmente que a vida humana evoluiu. O que esses resultados sugerem é que definimos nossos próprios ambientes domésticos para imitar os de nossos ancestrais pré-históricos. De acordo com Mark Maslin, um acadêmico da University College London, esses resultados destacam os efeitos duradouros de 5 milhões de anos de evolução na África Oriental. (Spence, 2020, pp. 29-30).

No Brasil, já experienciamos essas temperaturas normalmente, portanto não evidenciamos esses comparativos. Nosso desafio é acostumarmos o organismo a sobreviver ao clima refrigerado nos ambientes internos.

Incluir no projeto vegetação, especialmente plantas com flores, é uma das estratégias de maior sucesso para trazer o direto experiência da natureza no ambiente construído. A presença de plantas pode reduzir o estresse, contribuir para a saúde física, melhorar o conforto e melhorar o desempenho e produtividade. A aplicação de plantas únicas ou isoladas, entretanto, raramente exerce muito efeito benéfico.

Em tempos de pandemia, ao se verem confinadas, as pessoas sentiram falta do convívio com a natureza, e o mercado de *design* de interiores cresceu muito, principalmente pelas pessoas decidirem tornar a casa mais agradável.

> Os jardins sempre estiveram presentes nas composições arquitetônicas como testemunhas do momento cultural, do status e da religiosidade dos povos. Entretanto, há algumas décadas, é possível perceber um fortalecimento dessa relação entre arquitetura e espaços verdes. Uma situação que culminou em 2020, com grande aumento do protagonismo dos ambientes verdes, muito relacionado à pandemia do Covid-19 e o isolamento social que ela tem provocado. Nesse sentido, relação da casa com jardim se consolidou, de pequenos vasos em apartamentos no centro das cidades a exuberantes projetos paisagísticos dentro e ao redor de residências, representando – em diversas escalas – a busca pela reconexão com a natureza. (Ghisleni, 2021, s/p).

O hospital universitário Medical Center of Princeton, em Nova Jersey, empregou uma série de técnicas de programação e elementos de *design* em seu novo projeto de reforma em 2012, focado em promover um atendimento excepcional para seus pacientes idosos. O intuito da universidade era que o ambulatório e a unidade de terapia intensiva geriátrica oferecessem segurança e engajamento aos pacientes idosos. O programa arquitetônico foi adaptado e contemplou as instalações necessárias para animais de estimação (ANFA, 2021).

- **Percepção sobre som**

A água é essencial para a vida e sua experiência positiva no ambiente construído pode aliviar o estresse, promover satisfação e melhorar a saúde e desempenho. A atração pela água pode ser especialmente pronunciada quando associada aos múltiplos sentidos da visão e tato, mas audição que capta a água em movimento, desperta ainda mais o impacto sensitivo. Diversas estratégias de *design* podem satisfazer o desejo de contato com a água, incluindo vistas de proeminentes corpos d'água, fontes, aquários, pântanos construídos e outros.

Por meio desse elemento, busca-se camuflar os ruídos que atrapalham a performance dentro de uma companhia ou mesmo estressam os pacientes em um hospital. O som da água ajuda a atingir as ondas cerebrais do tipo Theta (4 a 8Hz), ideais para o relaxamento. Sobre a relação entre o som e as ondas cerebrais, cabe ressaltar:

> A percepção sonora é uma tarefa extremamente complexa, pois engloba diferentes aspectos, padrões e associações decorrentes da complexidade do som e das diferenças emocionais, experiência e treinamento de cada indivíduo. (GESSINGER, ROCHA, 2009).

> As ondas cerebrais são formas eletromagnéticas produzidas pela atividade elétrica das células cerebrais. Essas ondas mudam de frequência baseadas na atividade elétrica dos neurônios e estão relacionadas a mudanças de estado de consciência e humor. (Luft et al., 2006, s/p).

Não é novidade para qualquer arquiteto a importância do conforto acústico em um projeto arquitetônico, todos se esforçam para propor ao usuário a melhor qualidade de som: cada ambiente com os seus estímulos sonoros adequado. Para conseguir tal resultado, poderia afirmar que as empresas colaboram criando produtos cada vez mais silenciosos: eletrodomésticos que não incomodam com seu ruído, portas que não assustam ao bater, dobradiças e corrediças completamente silenciados. O que a neurociência nos traz de informação é que nem sempre o silêncio é sinônimo de conforto. O ambiente precisa expressar movimento para se tornar confortável e os produtos, por meio de seus cliques e ruídos, passam-nos segurança, como explica Charles Spence: "Na verdade, o *design* das portas da geladeira tem mais em comum com o *design* das portas do carro do que você imagina. Em ambos os casos, ter o som e a sensação de segurança é fundamental" (Spence, 2021, p. 36-37).

A mensagem que a neurociência nos deixa é que embora o som ambiente ajude a cognição e o relaxamento para muitas tarefas, ele não deve anular o som que o ambiente emite, pois isso causa uma sensação de estranheza, de insegurança, é um cenário desconhecido para o usuário.

- **Percepção sobre sabores e aromas**

Desde o movimento moderno, a arquitetura defende a presença vital de luz e ventilação natural. A ventilação natural é importante para o conforto humano e produtividade. A experiência da ventilação natural no ambiente construído pode ser aprimorada por variações no fluxo de ar, temperatura, umidade e pressão. A percepção e o contato com o clima no ambiente construído podem ser satisfatórios e estimulantes. Isso pode ocorrer por meio da exposição direta a condições externas, bem como pela simulação de qualidades climáticas por meio da manipulação do fluxo de ar, temperatura, umidade. As estratégias de *design* incluem vistas para o exterior (Kellert & Calabrese, 2021).

Jenna Ritz, arquiteta pesquisadora da Universidade de Yale, investigou a relação do olfato na arquitetura. A pesquisadora começou sua palestra na conferência de neurociência para arquitetura da ANFA, em setembro de 2020, mostrando que a população urbana hoje passa 90% do tempo em locais fechados e apenas 10% em locais abertos, experimentando a natureza. O ambiente externo proporciona uma experiência sensorial completa para o organismo, os sentidos, captadores de estímulos trabalham melhor e em maior sintonia nesses ambientes. A pesquisadora salienta que até mesmo o paladar obteve mais performance em ambientes abertos.

Com as necessidades do programa arquitetônico impostas, ao longo da história os arquitetos escolheram empiricamente quais dos sentidos seriam mais trabalhados e houve uma hierarquia estabelecida, na qual o olfato, quando pensado, aparece somente na conclusão da obra. Outro ponto que favoreceu a inibição do olfato foram as questões sanitárias que geraram produtos com odores extremamente artificiais, levando à falsa ideia de que o cheiro artificial corresponde a locais extremamente higienizados. Buscando sempre a saúde, produtos com odores extremamente artificiais cada vez mais fazem parte do cotidiano humano (RITZ, 2020).

O olfato é ligado diretamente com o sistema límbico, que processa os sentimentos e emoções no cérebro, foi desenvolvido ao longo da evolução da espécie humana para procurar e avaliar a qualidade de alimentos. Assim como nos protegeu de algumas situações de risco, o olfato desperta em nosso organismo dois tipos de resposta: a resposta fisiológica e a comportamental. Como os aromas vêm acompanhados de memórias, são capazes de despertar mudanças de humor e mudança no comportamento do usuário. Além das mudanças fisiológicas como pressão e batimentos cardíacos.

É incrível pensar na tecnologia que é empregada em produtos e materiais que contêm expertise da performance de luz e de som, mas a imagem olfatória está muito aquém comparada aos outros sentidos, na produção de materiais que proporcionam o bem-estar. Todo arquiteto sabe a diferença de intensidade e foco de luz, por exemplo, mas geralmente não consegue administrar a distribuição de fragrâncias voltadas para determinados fins como concentração e relaxamento para seus projetos.

Terceira etapa – Considerações do *design* biofílico

A arquiteta especialista em *design* biofílico, (Rafaelli, 2022) Bia Rafaelli Casacera, inicia sua aula de mesmo título indagando seus alunos sobre em que lugares se sentem menos estressados, mais criativos e equilibrados e a resposta de todos se assemelha por ser um local natural: praias, campo, bosques ou parques. A professora continua questionando sobre onde seria o melhor destino de férias relaxantes e ainda quais lugares os alunos vislumbram quando querem se acalmar. As respostas apresentam o mesmo padrão que as anteriores.

Durante o seu período evolutivo no planeta, o homem criou uma relação considerada inicialmente harmônica com a natureza, onde seu impacto com o ambiente não o destruía. Consolidou-se então a herança genética de diversos funcionamentos fisiológicos e comportamentais, formando assim a cultura que vivenciamos hoje. A biofilia hoje é um gatilho para essa ligação ancestral, tornando o homem mais conectado com esse meio ambiente esquecido pela maioria da população. É estando perto ou mesmo tendo os sentidos estimulados pela natureza que vamos cada vez mais querer preservá-la.

Como uma solução para neutralizar esse cenário que Wilson, em 1984, mostrou ao mundo sua Hipótese da Biofilia, que seria uma predisposição genética humana a ter grande afinidade com a natureza. Segundo (Wilson, 1986), o cérebro humano evoluiu 99% da sua história em um ambiente biocêntrico.

A hipótese afirma que o pouco contato sensorial com elementos naturais é prejudicial à saúde, o que mostra a necessidade instintiva do indivíduo de buscar esse contato sempre que possível. Um exemplo disso é o número de pessoas que escolhe ambientes naturais para relaxar em períodos de férias ou mesmo em finais de semana. (Gardner, 1983) ainda citam a reprodução de sons de pássaros no saguão do metrô e reprodução de sons da natureza em sessões de relaxamento, assim como a ornamentação de ambientes internos com plantas e pedras naturais, por exemplo.

Hoje, a aplicação da biofilia junto à educação ambiental pode ajudar na busca das novas gerações por diminuir o desiquilíbrio no ecossistema causado por anos de degradação do planeta. Seria possível então, por meio de ferramentas conhecidas e testadas pela neurociência, como o aprendizado cognitivo, estimular a educação ambiental e despertar nos indivíduos em diferentes ambientes de convívio a consciência de preservação contínua e crescente do ecossistema. A arquitetura, desde sempre pensada para harmonizar a relação do indivíduo com o ambiente em que vive, hoje tem ainda mais um desafio: como proporcionar a esse indivíduo o conforto no seu habitat sem que para isso seja preciso destruir seu ecossistema.

Design biofílico é uma metodologia de projeto baseada na filosofia de reconexão com a natureza. O ambiente é pensado com foco no bem-estar do usuário. O **desconforto ou a empolgação** que sentimos ao entrar em um ambiente são respostas cerebrais da relação que o nosso cérebro possui com o espaço e seus elementos arquitetônicos.

De acordo com (Robson Gonçalves, 2018): "O espaço é uma das dimensões mais ricas. Interagimos com ele não só por meio da visão. Todos os sentidos influenciam na nossa percepção de espaço e no nosso comportamento".

A ecologia é a disciplina que estuda como os organismo interagem com o seu habitat e também com os demais organismos que possuem o mesmo habitat. O habitat é o espaço do indivíduo e ecossistema é o habitat de vários organismos. O *design* biofílico busca um habitat saudável para o usuário, contemplando biodiversidade abundante, água corrente limpa, luz natural, solo saudável, ser sustentável, senso de comunidade, senso de bem-estar e segurança (NEUROARQ, 2019).

O que o *design* biofílico propõe são experiências sensoriais com a natureza, sejam elas diretas, indiretas ou com a relação estabelecida com o espaço ou local. As experiências têm seu significado implícito, são aquelas que levam o usuário a se relacionar com elementos naturais: luz solar, vento, vegetação, água, terra, fogo etc. As indiretas são aquelas que simulam os elementos naturais, seja por réplicas ou imagens. E experiências espaciais são aquelas em que o usuário possui uma conexão com o ambiente, seja ela cultural ou biológica.

O *design* biofílico busca soluções para as deficiências das edificações contemporâneas, estabelecendo novos meios que permitam a satisfação da experiência junto à natureza dentro do espaço construído. O objetivo é a criação de "habitats" agradáveis ao ser humano, ou seja ambientes que qualifiquem a saúde e o bem-estar.

- **Espaços naturais e ecossistemas**

As paisagens naturais e os ecossistemas consistem em plantas, animais, água, solos, rochas e formulários. As pessoas tendem a preferir paisagens com propagação de árvores, um sub-bosque aberto, a presença de água e vegetação. A experiência de ecossistemas autossustentáveis pode ser especialmente satisfatória. Os ecossistemas são tipicamente ricos na diversidade biológica. Ecossistemas autossustentáveis no ambiente construído podem ser alcançados por meio de estratégias de *design* de vegetações projetadas, como pântanos, clareiras florestais e pastagens; telhados verdes; ambientes aquáticos simulados; e outros meios. O contato com esses sistemas naturais pode ser promovido por pontos de vista distintos, observacionais, interação direta e até mesmo participação ativa (Kellert & Calabrese, 2021).

Na vida urbana, a maioria de estímulos que nossos sentidos recebem é de elementos artificiais. Por não estar no seu habitat natural, o cérebro não recebe os estímulos essenciais para trabalhar na sua melhor performance, assim colaborando para o aumento do nível de estresse, que fisiologicamente é conhecido como um disparo do hormônio de atenção para todo o organismo, deixando todo o corpo preparado para enfrentar um desafio, o que gera um alto desgaste. Um estudo realizado no Japão, na Universidade de Chiba, denominado Banho de Natureza *shinrin-yoku* mostrou que o convívio com a natureza, o que chamaram de "banho de natureza", baixava o nível de cortisol no organismo. "Os resultados mostram que os ambientes florestais promovem concentrações mais baixas de cortisol, menor taxa de pulso, menor pressão arterial, maior atividade nervosa parassimpática e menor atividade nervosa simpática do que os ambientes urbanos" (Miyazaki, 2000). A falta de convívio com o meio natural leva o organismo a perceber o mundo de maneira nebulosa, ainda atrapalha o aprimoramento dos sentidos, acarreta a formação de padrões específicos que vão provocar males físicos e mentais.

No Reino Unido, um grupo de cientistas observou que o contato com a natureza trazia mais satisfação, ao interagir em um ambiente natural, as pessoas que identificavam esses momentos como alegres e assim apresentava melhora no desempenho mental e motor. Após esse resultado, indagou-se sobre qual seria a quantidade ideal de interação com ambiente natural para um humano. O estudo contou com voluntários que se dividiram em três grupos de análise, aqueles que passavam mais de duas horas semanais em bosques, praias, parques, ou qualquer outro ambiente que tivesse contato com o meio natural; aqueles que passavam menos de duas horas semanais interagindo; e os últimos, que não tinham contato com a natureza durante toda a semana. Após o tempo do exercício, era perguntado a cada indivíduo se ele estava mais satisfeito com sua saúde e vida pessoal.

Os resultados obtidos demonstraram que o grupo que passou menos de duas horas semanais teve a resposta de insatisfação, assim como aqueles que não frequentaram os ambientes em nenhum momento. Já o grupo de voluntários que experenciou mais de duas horas semanais com o ambiente natural, mostrou satisfação em relação a sua vida e saúde. O estudo ainda está em curso, mas já se concluiu que precisamos de, no mínimo, duas horas semanais para absorver os benefícios do ambiente natural (Miyazaki, 2000).

O desenvolvimento de uma criança urbana é completamente diferente daquela que vive em contato físico com a natureza. A doutora Martha Driessnack, médica pediatra, professora e pesquisadora da Universidade de Iowa, publicou em 2009 um estudo que comprovava um distúrbio estabelecido pela deficiência de contato com os elementos naturais (Driessnack, 2009). Em 2016, Richard Louv (Louv, 2016) publicou o livro *A Última Criança da Natureza*, no qual identifica que a falta de contato com o ambiente natural causa uma desordem que ele denomina como Transtorno de Déficit de Natureza, que vai acarretar outras doenças já conhecidas pelo grande público, como o transtorno de déficit de atenção e hiperatividade, transtorno de ansiedade, obesidade e depressão.

No ano de 2019, a Sociedade Brasileira de Pediatria elaborou um "Não podemos deixar de considerar que os efeitos da urbanização, entre eles o distanciamento da natureza, a redução das áreas naturais, a poluição ambiental e a falta de segurança e qualidade dos espaços públicos ao ar livre, levam-nos — adultos, jovens e crianças — a passar a maior parte do tempo em ambientes fechados e isolados" (Sociedade Brasileira de Pediatria, 2019).

A experiência indireta da natureza refere-se ao contato com a representação ou imagem da natureza, a transformação da natureza de sua condição original, ou exposição a padrões e processos específicos característica do mundo natural. Estes incluem fotos e obras de arte, materiais naturais, como móveis de madeira e tecidos de lã, ornamentação inspirada em formas que ocorrem em natureza, ou processos ambientais que foram importantes na evolução humana, como envelhecimento e a passagem do tempo, a riqueza da informação e a geometria natural.

- **Imagens da natureza e simulação de clima natural**

A imagem e representação da natureza no ambiente construído — plantas, animais, paisagens, água, características geológicas — podem ser tanto emocionais quanto intelectualmente satisfatórias. Essas imagens podem ser fotografias, pinturas, esculturas, murais, vídeo, simulações de computador e outros meios de representação. Imagens únicas ou isoladas da natureza normalmente exercem pouco impacto (Kellert & Calabrese, 2021).

O artigo relaciona as vistas externas e o estresse dos enfermeiros, a investigação iniciou em novembro de 2006, com a participação de enfermeiras de diferentes hospitais (parte do Children's Healthcare of Atlanta). Para análise do estresse dos enfermeiros durante turnos de 12 horas, foram considerados estímulos estressantes do ambiente físico (ou seja, iluminação, ruído, térmico e ergonômico), estímulos estressantes organizacionais, jornada de trabalho e características pessoais (idade, experiência e renda).

Entre as variáveis consideradas para a pesquisa, a duração é o segundo fator mais influente que afeta o estado de alerta e o estresse agudo. Os indivíduos associam a passagem do tempo com a visualização da área externa do hospital pelas janelas. O estado de alerta e estresse dos indivíduos é relacionado ao conteúdo da visualização externa (isto é, visualização da natureza, visualização não natural). Mesmo com longas horas de trabalho, horas extras e privação de sono, o projeto físico das unidades de trabalho são responsáveis pelo desgaste dos profissionais. Foram então instalados painéis com imagens naturais que simulam a área externa, com folhagens e diferenciação de luz solar. O resultado obtido pós-ocupação do local com os painéis foi a melhora da performance física e produtiva dos indivíduos (60%), comprovando que o acesso a uma visão da natureza para a equipe prestadora de cuidados pode ter efeitos diretos e indiretos nos resultados dos pacientes (ANFA, 2021).

- **Envelhecimento natural devido a intempéries**

A natureza está sempre mudando e em fluxo, especialmente a vida, refletindo as forças dinâmicas de crescimento e envelhecimento. As pessoas respondem positivamente ao envelhecimento, revelando a capacidade da natureza de se adaptar às condições diversas (Kellert & Calabrese, 2021).

- **Biomimética, geometrias naturais e arquitetura paramétrica**

A diversidade e variabilidade do mundo natural têm proporcionado ambientes ricos em detalhes, com mesclas de cores e texturas. Materiais naturais podem ser especialmente estimulantes, refletindo as propriedades dinâmicas de matéria orgânica em resposta adaptativa aos estresses e desafios de sobrevivência ao longo do tempo. As propriedades matemáticas comumente encontradas na natureza são muito agradáveis à maioria das pessoas. Isso inclui escalas organizadas hierarquicamente, geometrias artificiais sinuosas em vez de rígidas, que se repetem com padrões variados. Por exemplo, a parametria é um sistema de geometria frequentemente encontrada no mundo natural, onde uma forma básica ocorre repetidamente, mas variada e formas previsíveis que contribuem com variedade e similaridade para uma configuração. Outras geometrias naturais proeminentes incluem escalas ordenadas hierarquicamente, como a "Proporção Áurea" e a "Sequência de Fibonacci".

Biomimética é a tecnologia de *design* inspirada nas formas e funções encontradas na natureza, especialmente entre outras espécies, cujas propriedades foram adotadas ou sugerem soluções às necessidades e aos problemas humanos. Os exemplos incluem os controles bioclimáticos de cupinzeiros, a resistência estrutural de teias de aranha, a capacidade de captura de calor de certos animais. Capturar tecnologicamente essas características da natureza não humana, pode resultar em benefícios utilitários diretos, bem como provocar admiração humana pela engenhosidade de outra vida e a criatividade do mundo natural (Kellert & Calabrese, 2021).

Sabido que a maioria da população aceita bem as geometrias naturais, tendo como inspiração de funcionalidade a biomimética e unido ao desenvolvimento computacional de softwares para arquitetura, podemos chegar ao conceito de arquitetura paramétrica.

Parâmetros são valores que têm efeito sobre o resultado de um processo. Eles podem ser simples como a quantidade de algum material, ou complexos como uma equação para verificação de esforços em uma estrutura. No contexto da arquitetura e do *design*, parâmetros descrevem, codificam e quantificam as opções e restrições existentes dentro de um sistema. Assim sendo, o *design* paramétrico é o *design* que se utiliza de parâmetros e suas inter-relações para a definição de uma forma geométrica, onde o *design* do objeto é substituído pelo *design* do processo que gera o objeto.

> O *design* paramétrico tem sido cada vez mais utilizado ao redor do mundo como metodologia de projeto. Isso representa uma quebra de paradigmas

> com relação á forma como se projeta. Em uma época em que as exigências são cada vez maiores e os prazos cada vez mais curtos, a parametrização dos modelos tem se tornado crucial para a efetividade dos projetos. Ela permite a obtenção de diversas opções de geometria, para uma mesma demanda particular, com apenas poucos cliques. Este tipo de modelagem gera formas que estão conectadas a componentes do código, facilitando a alteração da forma de acordo com as necessidades do projeto através da manipulação destes componentes (Penalva, 2017, s/p).

Finalmente, a experiência de espaço e lugar refere-se a aspectos espaciais característicos do ambiente natural. Exemplos incluem prospecção e refúgio, complexidade organizada, mobilidade, localização de caminhos e formação de espaços organizados.

- **Locais com perspectiva de refúgio**

Driblamos os desafios da evolução por meio da capacidade de raciocinar e planejar para proteção de nossos predadores. Locais que oferecem sensação de segurança, além de proporcionarem refúgio, otimizam a experiência do usuário.

> A janela e, em especial, o ato de olhar para fora da janela de casa, para o quintal ou para o jardim é uma experiência essencial e poética do lar. É possível sentir uma forte sensação de lar quando se olha para fora a partir do espaço fechado privativo (Pallasmaa, 2017, s/p).

- **Ambientes integrados e espaços comuns**

Locais que integram funções são muito agradáveis para a maioria das pessoas. A vida cotidiana atual, em que o usuário acumula uma série de tarefas, requer mobilidade e interatividade tanto em espaços públicos como em espaços privados.

A amabilidade urbana é uma qualidade específica do espaço público submetido a uma intervenção temporária. Trata-se de um atributo espacial que se manifesta por meio de conexões e interações entre pessoas e espaço, opondo-se ao individualismo que, por muitas vezes, caracteriza as formas de convívio coletivo contemporâneas. Esse aporte teórico pode contribuir para o projeto de novos espaços coletivos que permitam e estimulem mais intervenções temporárias, mobilidade, visando à cidade como a reunião de espaços coletivos mais amáveis (Fontes, 2019).

- **Apelo cultural e apelo ecológico**

Os indivíduos sentem-se mais seguros e orgulhosos em locais que relembrem a história de seus antepassados, locais que remetem à história do grupo que está inserido têm grande representatividade para o usuário.

Certos tipos de edificações são construídos ou preservados para evocar memórias e emoções específicas, conseguem manter sensações de pesar ou êxtase, melancolia ou felicidade, medo ou esperança. Essas localidades mantêm a percepção de duração e profundidade temporal e registram e sugerem narrativas culturais e humanas (Pallasmaa, 2018).

O mesmo ocorre com locais que apresentam apelo ecológico, que além de conectarem o usuário diretamente com o passado da evolução da espécie, apresentam uma promessa de manter o ambiente saudável para a perpetuação dela. "Conexões ecológicas com o lugar pode promover um apego emocional a uma área, particularmente uma consciência das paisagens locais, indígenas flora e fauna, e condições meteorológicas características" (Kellert & Calabrese, 2021).

CAPÍTULO 4

APLICAÇÃO DA NEUROCIÊNCIA NA ARQUITETURA

O processo criativo sempre foi a área mais intrigante da arquitetura: "como se chegou a esse resultado?" é o tipo de questão costumeira que especialistas e o público geral têm em comum, ao depararem-se com qualquer elemento arquitetônico que lhes chame a atenção. Quase como um exercício empático, o observador simula as condições do criador para tentar refazer o processo que o levou ao resultado observado.

A metodologia arquitetônica, em diversos momentos da história, preocupou-se em estabelecer um padrão criativo para o partido arquitetônico, com ou sem regras específicas estabelecidas, o processo de criação do projeto sempre foi mais focado na subjetividade do autor do que na do usuário. Em uma cultura judaico-cristã, em que é necessária a definição de certo e errado, a arquitetura não se isentou de tentar criar soluções para o indivíduo que se desenvolve em uma sociedade que muda seu modo de vida constantemente e em uma velocidade cada vez mais rápida.

O habitat em que o indivíduo vive causa respostas adaptativas para seu organismo, que lida com a diferença constante de padrões físicos e culturais, estes, formadores de sua subjetividade. A neurociência demonstra que a subjetividade não é mais algo desconhecido e banalizado em detrimento da cognição. É ela que reflete toda a experiência do sujeito: eis a resposta da valorização da experiência atualmente.

A arquitetura sempre teve a experiência do usuário como um produto de uma série de fatores primeiramente pensados, atualmente, com acesso a resultados da neurociência moderna, é proposto pensar na experiência do usuário como propósito de projeto. O arquiteto já tem a sua disposição, como ferramenta de trabalho, dados que permitem decodificar traços da subjetividade do indivíduo, isso não quer dizer que seja capaz de tratá-la ou manipulá-la, essa é uma especialidade da medicina e da psicologia, mas ele consegue adaptar o ambiente para um sujeito que não é ciente de certas necessidades fisiológicas.

A hegemonia da visão fez com que a estética do belo fosse traduzida em paisagem, deixando os demais sistemas sensoriais em segundo plano. Com o conhecimento dos princípios da neurociência, o arquiteto pode propor uma experiência de melhor qualidade fisiológica e com maior agradabilidade. O sistema sensorial é a conexão ente a experiência e a subjetividade.

Não só responsável por modificar o espaço físico, o arquiteto torna-se responsável por criar cenários de inúmeras memórias que contribuirão para a formação da subjetividade de um indivíduo, de uma família ou de um povo.

Aliada à tecnologia, a arquitetura hoje consegue propor espaços terapêuticos, ambientes de performance e refúgios de relaxamento, entendendo que, embora pensada para o público geral, é preciso atender às necessidades de cada indivíduo levando em consideração sua subjetividade.

O arquiteto também é um indivíduo, por mais óbvia que essa afirmação pareça, é preciso lembrar que, como sujeito, toma as decisões como as demais pessoas: por meio de seus marcadores somáticos. É de suma importância que esse indivíduo, no papel de arquiteto, consiga distinguir quais são as suas decisões no que se refere a suas preferências e quais são as decisões viáveis para o processo criativo do projeto. É preciso que o arquiteto tenha conhecimento das suas limitações sensoriais.

A experiência do usuário deixa claro o quanto um projeto pode ser perecível ou finito. Elaborado para uma determinada fase de vida, a experiência atenderá com eficácia somente o público para quem foi pensada. Não se trata de um problema, mas sim de um esclarecimento, que pode, inclusive, ser observado durante a execução do planejamento do projeto. A euforia de tornar real o que está no papel muitas vezes faz com que o proprietário sinta que a experiência poderá ser infinita.

Já para o arquiteto, dono de uma nova criação, chega a ser doloroso pensar em um fim para algo que está para nascer na arquitetura, mas já passou da hora de a arquitetura se responsabilizar pela longevidade de suas intervenções e o quanto isso pode ser inadequado para determinado público. Experiências para um novo grupo de usuários são a solução. Pensar no fim é planejar um novo início de projeto que poderá circular pelas gerações seguintes.

Não é possível recordar-se de algo sem correlacionar esse momento com um local. A neurociência, ao evidenciar que as memórias são processadas juntamente ao sistema que reconhece o tempo e o espaço, deu-nos a chance de projetarmos para além do programa arquitetônico. Conforme o arquiteto projeta para suas necessidades, a qualidade da experiência do usuário aumenta.

REFERÊNCIAS

NEUROARQ Academy. (2019). NEUROARQ®Academy.

@article{Wirtz2001CongruencyOS, t. d. (2001). Congruência de perfume e música como impulsionador de avaliações e comportamento na loja. *ACR Asia-Pacific Advances*.

Alvarez, A. (2016). *Hotel da memória: interpretando a neurociência para o design em uma experiência memorável para o hóspede*. Fonte: BRIKBASE: https://www.brikbase.org/content/hotel-memory-interpreting-neuroscience-design-memorable-guest-experience

Andrade, M. L. (2011). *O processo do projeto em arquitetura: da teoria a tecnologia*. São Paulo: Oficina de textos.

ANFA. (13 de 02 de 21). Fonte: ANFA: http://www.anfarch.org/research/research-databases/

Bachelar, G. (2018). *A poética do espaço*. São Paulo : Martins Fontes.

Bar, M. (2007). Visual Elements os Subjective Preference Modulate Amygdala Activation. *10*, 2191-200.

Biselli, M. (2020). *Apontamentos de teoria e prática do projeto*. Curitiba : Appris.

Brentano, F. (1874). *Psicologia do ponto de vista empírico*. Londres: Routledge.

Breton, D. L. (2016). *Antropologia dos sentidos*. Petrópolis: Vozes.

Brodsky, J. (1991). *An Immodest Proposal*. Nova Iorque : Straus & Giroux.

Bruna, M. H. (s.d.). *https://drauziovarella.uol.com.br/corpo-humano/memoria/*. Fonte: Drauzio Varella .

Carneiro, T. C. (2000). Percepção das cores. Fonte: http://www.ic.uff.br/~aconci/curso/percep~1.htm.

Castro, A. L. (2016). *Neuropropaganda de A a Z*. Rio de Janeiro : ABDR .

Condia, B. (12 de 02 de 2021). *The Academy of Neuroscience for Architecture,.* Fonte: ANFA: www.anfarch.org

Cross, N. (2016). *Lifetime Achievement Award to John Chris Jones London.* Fonte: Design Research Society: https://www.designresearchsociety.org/articles/remembering-john-christopher-jones

Damásio, A. (2015). *O mistério da consciencia.* São Paulo .

Damásio, A. (2018). *A Estranha Ordem das Coisas.* São Paulo : Companhia das Letras.

Damásio, A. R. (2011). *E o cérebro criou o homem.* São Paulo : Companhia das Letras .

Damásio, A. R. (2015). *O Mistério da Consciência.* São Paulo : Companhia das Letras .

Damázio, A. (2011). *E o cérebro criou o homem.* São Paulo : Companhia das Letras .

Damázio, A. R. (2005). *O Erro de Descartes.* São Paulo : Companhia das Letras .

Darke, J. (1978). *The primary generator and the design process.* Londres : Lund Hamphriees.

Darwin, C. R. (1859). *Sobre a origem das espécies por meio da seleção natural.* Londres.

Data SUS. (2021). DATASUS Tecnologia da Informação a Serviço do SUS. Brasil .

Dewey, J. (1980). *A Arte como Experiência.* São Paulo : Abril Cultural .

Driessnack, M. (2009). Crianças e Transtorno de Déficit de Natureza. *Wiley Periodicals, Inc,* 73-74.

Elizabeth Calabrese, S. K. (13 de Fevereiro de 2021). *A prática do design biofílico.* Fonte: A prática do design biofílico: https://www.biophilic-design.com/

Feitosa, C. (30 de 03 de 2023). *https://feitosa-santana.com/.* Fonte: Claudia Feitosa Santana : https://feitosa-santana.com/

Fontes, A. (2019). *Intervenções temporárias, marcas permanentes: Apropriações, arte e festa na cidade contemporânea*. Rio de Janeiro: Kindle.

Foqué, R. (2010). *Buildind Knowledge in archtecture*. Bruxelas: UPA.

Francisco Varela, H. M. (1986). *Autopoiese e cognição: a realização do viver*.

Fredrickson, B. L. (1998). What good are positive emotions? *Review of General Psychology,*, pp. 2(3), 300-319.

Frijda, N. H. (1994). *The nature of emotions: Fundamental questions*. Oxford: Oxford University Press.

Gama, M. C. (2014). As Teorias de Gardner e de Sternberg na Educação de Superdotados. *Revista Educação Especial https://periodicos.ufsm.br/educacaoespecial/article/view/14320*, n.27(50), 665–674.

Gardner, H. (1983). *Estrutura da Mente - A Teoria das Inteligengias Multiplas*. Rio de Janeiro -RJ: Academia do Saber.

Gessinger, C. H., & Rocha, L. R. (2009). Neuromusicologia uma abordagem neurofisiológica e filosófica. *Pensamento Biocentrico, 27*.

Ghisleni, r. C. (14 de Fevereiro de 2021). *Jardim e Conexao com a Natureza*. Fonte: Arch Daily: https://www.archdaily.com.br/br/956883/jardins-e--a-reconexao-com-a-natureza-11-projetos-que-diluem-os-limites-entre-interior-e-exterior

Goldberg, P. (1984). The times. *Sky Line - The New Yorker*.

Goldhagen, S. W. (2017). *Welcome to your world*. New York: New Harper.

Gross, J. (1990). *Regulação da emoção: fundamentos conceituais e empíricos*. Nova Iorque: JJ Gross.

Hadid, Z. (2011). Une Architecture. *Une Architecture*. França: Hazan.

Hall, E. T. (1977). *A Dimensão Oculta*. Rio de Janeiro : Francisco Alves.

Hatemi, P. (Agosto de 2012). A genética da política: descoberta, desafios e progresso. *Trends in genetics*.

Heidegger, M. (1994). *Fenomenologia e Teologia*. Veneza: La Nuova Italia.

Heidegger, M. (2012). *Ser e Tempo - Tradução e organização de Fausto Castilho*. Petrópolis: Vozes.

Heschong, L. (2021). *Visual Delight in Architecture: Daylight, Vision, and View*. London: Routledge.

Hewitt, M. A. (04 de 03 de 2019). *O que é a beleza na arquitetura hoje e porque temos medo dela*. Fonte: Archdaily: https://www.archdaily.com.br/br/912051/o-que-e-a-beleza-na-arquitetura-hoje-e-porque-temos-medo-dela

Holl, S. (2012 de Janeiro de 2012). *Questões de percepção: fenomenologia da arquitetura*. Fonte: Archdaily: https://www.archdaily.com.br/br/01-18907/questoes-de-percepcao-fenomenologia-da-arquitetura-steven-holl

Humberto Maturama, F. V. (2001). *A árvore do conhecimento*. São Paulo : Palas Athena.

Humberto Maturana, F. V. (1999). *El árbol del conocimiento: las bases biológicas del conocimiento*. Madrid.

Ingui, D. (Outubro de 2010). Arte e arquitetura na contemporaneidade. Campinas, SP, Brasil .

Ingui, D. (s.d.). Arte e arquitetura na contemporaneidade. Campinas, SP, Brasil .

Izabella Brito Silva, T. d. (2011). Modelo dos cinco grandes fatores da personalidade:análise de pesquisas. *Avaliação Psicológica*, pp. pp. 51-62.

James, W. (1884). *The physical basis of emotion*.

Johnson, P. R. (1988). Deconstructivist Architecture. *Deconstructivist Architecture*. New York, NY, EUA: Museum of Modern Art .

Jones, J. C. (1992). *Design methods*. Nova Iorquė : John Wiley & Sons, Inc.

Jung, C. G. (2016). *O Homem e seus simbolos*. Londres: HarperCollins.

Kahneman, D. (2012). *Rápido e Devagar duas formas de pensar.* Rio de Janeiro : Objetiva.

Kellert, S. (2018). *The biophilic design pratice.* New Heaven : Yale Press.

Kowaltowski, D. C. (2011). *O Processo de Projeto em Arquitetura: da Teoria à Tecnologia.* São Paulo: Fapesp.

Kowaltowsky, D. C. (2011). *O Processo de Projeto em Arquitetura: da Teoria à Tecnologia.* São Paulo : Fapesp.

Lázaro, R. (1963). Personalidade e ajuste. *Englewood Cliffs, NJ: Prentice-Hall.*

Lange, A. (1985). *The mechanism of the emotions.* Boston: Houghton Mifflin.

Lange, A. (11 de Julho de 2019). Deixe Christopher Alexander projetar sua vida. *Curbed.*

Lawson, B. (2011). *Como arquitetos e designers pensam.* São Paulo : Oficina de textos.

Lazarus, R. (2002). *Neurociência Cognitiva da Emoção.* Oxford: Oxford Press.

Lee, I. F. (2018). *As Formas da Alegria - O surpreendente poder dos objetos.* São Paulo: Fontanar.

Leitão, A. (2016). *Antropologia dos Sentidos.* Universidade Federal de Brasilia.

Lent, R. (2008). *Neurociencia da Mente e do Comportamento.* Rio de Janeiro : Grupo Editorial Nacional.

Leotte, R. (2015). *Abordagens da neurociência sobre a percepção da obra de arte.* São Paulo : Editora Unesp.

Louv, R. (2016). *Last Child in the Woods: Saving Our Children from Nature-Deficit Disorder.* Chapell Hill : Algonquin Books of Chapel Hill.

Machado, L. (2017). *Horto de Damasco.* Fonte: Mednesp 2017: https://www.youtube.com/watch?v=DvPpSsl8aa0

Marcos Paulo Alves de Jesus, G. M. (2017). Considerações sobre o habitat cotidiano no pensamento de Martin Heidegger. *"Existência e Arte"- Revista Eletrônica do Grupo PET - Ciências Humanas, Estética e Artes da.*

Mari, J. d. (04 de Março de 2020). A saúde mental nas grandes cidades. São Paulo, SP, Brasil.

Merzenich, M. (2013). *How the New Science of Brain Plasticity Can Change Your Life*. New York: Parnassus.

Miyazaki, Y. (2000). *shinrin-yoku - banho de floresta*. Tokio: Porto Editora.

Nanda, U. (Dezembro de 2005). Sensthetics: uma abordagem crossmodal para a percepção e concepção de nossos ambientes. *Sensthetics: uma abordagem crossmodal para a percepção e concepção de nossos ambientes*.

Nesbitt, K. (1995). *Uma nova agenda para a arquitetura*. São Paulo: Cosak Naify.

Neves, J. (2017). *A arte de projetar para todos os sentidos*. Rio de Janeiro: MauadX.

Niemeyer, O. (1993). *Conversa de arquiteto*. Rio de Janeiro : Revan .

Paiva, R. G. (2018). *TRIUNO - Neurobusiness e Qualidade de Vida*. Clube dos Autores.

Pallasmaa, J. (2017). *Habitar*. Barcelona : Gustavo Gili .

Pallasmaa, J. (2018). *Essências*. Barcelona : Gustavo Gili.

Paschoarelli, L. S. (2014). Bauhaus: métodos de ensino em Weimar, Dessau e Berlim. Convergências. *Convergências - Revista de Investigação e Ensino das Artes, VOL VII (13)*, http://convergencias.esart.ipcb.pt/?p=article&id=192.

Paschoarelli, L. S. (2018). Bauhaus: métodos de ensino em Weimar, Dessau e Berlim. *Revista Convergencia* .

Peirce, C. S. (1910). *Theory of Signs*. Harvard: Harvard.

Penalva, A. (08 de Fevereiro de 2017). Fonte: https://carreiradearquiteto.com/2017/02/08/o-que-e-design-parametrico-e-porque-voce-deve-aprender-sobre-isso/

Pessoa, D. (16 de Maio de 2016). *Desafios de Desenhos Urbanos Para a Cidade Contemporânea*. Fonte: Vitruvius: <https://vitruvius.com.br/revistas/read/arquitextos/16.192/6063>

Pimenta, T. (29 de 08 de 2019). *Behaviorismo: guia completo sobre a Psicologia Comportamental.* Fonte: Vittude: https://www.vittude.com/blog/behaviorismo/

Programa de Mestrado Profissional do Centro Universitário Belas Artes de São Paulo. (12 de Fevereiro de 2021). *Mestrado Profissional Belas Artes.* Fonte: https://www.belasartes.br/mestrado/

Rafaelli, B. (6 de Julho de 2022). *Os Benefícios Do Design Biofílico No Varejo.* Fonte: https://biarafaelli.com.br: https://biarafaelli.com.br/os-beneficios-do-design-biofilico-no-varejo/

Reis, V. (09 de 01 de 2020). Fonte: Portal G1 : https://g1.globo.com/sp/sao-paulo/noticia/2020/01/09/incidencia-de-suicidio-em-sao-paulo-aumenta-com-o-idh-aponta-estudo.ghtml

Ribeiro, S. (2019). *O Oráculo da Noite.* Sao Paulo : Companhia das Letras .

RITZ, J. (2020). Sensory Hierarchies: An Investigation of Olfactory Architecture. *Palestra apresentada na Academy of Neuroscience for Architecture (ANFA), Conferência Sentindo Espaços, Percebendo Lugar 2020.* Yale.

Robson Gonçalves, A. d. (2018). *Triuno, neurobusiness e qualidade de vida.* São Paulo : Edição aos atores.

Santaella, L. (2008). *Epistemologia Semiótica.* São Paulo: PUC SP .

Santos, E. O. (2014). *Processo de Projeto Colaborativo em Arquitetura.* Belo Horizonte.

Sassi, F. M. (30 de Abril de 2021). Saúde mental do indivíduo com o ambiente que ele habita. (G. S. Aguiar, Entrevistador).

Schulz, M. (2015). Os efeitos não visuais da luz no organismo humano. *Lume Arquitetura,* 67-69.

Serroy, G. L. (2018). *A Estetização do Mundo - Viver na Era do Capitalismo Artista.* Companhia das Letras.

Sociedade Brasileira de Pediatria. (2019). *Manual de práticas ao ar livre para pais e educadores.* Academia Brasileira de Pediatria.

Spence, C. (2020). *Os sentidos dos lugares*. Oxford: Oxford.

Stephen E. Palmer, K. B. (2013). Visual Aesthetics and Human Preference. *Annual Review*.

Stephen R. Kellert, E. F. (2018). A Prática do Design Biofílico. *Conferência Cities Alive 2018*. Nova York.

Summit Saúde Brasil 2021. (23 de Janeiro de 2020). Transtornos Mentais e Ansiedade cresce entre a população. São Paulo, SP, Brasil.

Thomas Luft, C. C. (2006). *Image enhancement by unsharp masking*. ACM Transitions on Graphics.

Tiba, C. N. (2000). *Atlas Solarimétrico do Brasil. Banco de dados terrestres*. Recife : UNIVERSIDADE FEDERAL DE PERNAMBUCO.

Varela, F. (1998). *Conocer*. Madrid: Gedase.

VARELA, F. J., THOMSON, E., & ROSCH, E. (1993). *The embodied mind: cognitive science and human*. Cambridge: The MIT Press.

Veich, J. A. (2001). Psychological processes influencing lighting quality. .

Veitch, J. A. (2013). Processos psicológicos que influenciam a qualidade da iluminação. *Jornal da Illuminating Engineering Society 30(1)*.

Veloso, C. (1986). Dom de Iludir. Brazil .

Walsh, N. P. (18 de Março de 2020). *12 estilos modernistas importantes explicados*. Fonte: Archdaily: https://www.archdaily.com/931129/12-important-modernist-styles-explained

Wilson, E. (1986). *Biophilia*. Cambridge : Harvard University Press.

Wolfe, T. (1981). *Da Bau Haus ao nosso caos*. Rio de Janeiro : Rocco .

Zajonc, R. (1966). Facilitação social de respostas dominantes e subordinadas. *Journal of Experimental Social Psychology*, , 160 a 168.